防衛大式最強のメンタル

心を守る強い武器を持て！

濱潟好古
Yoshifuru Hamagata

青春出版社

はじめに

神奈川県横須賀市の小原台《おばらだい》と呼ばれる高台に「防衛大学校（以下、防衛大）」はある。一般大学は文部科学省の管轄《かんかつ》であるが、将来の幹部自衛官を養成する防衛大は防衛省の管轄となる。身分も学生ではなく、特別職国家公務員だ。一般大学同様の教育課程以外に訓練課程がある。各学年全員が同じ訓練を行う「共通訓練」と、2学年において陸上・海上・航空要員に区分された後に行う「専門訓練」があり、この訓練課程を通して幹部自衛官の卵としてキャリアをスタートさせる。

一般大学との大きな違いはそのキャンパスライフにある。

まず防衛大は完全全寮制だ。「学生舎」と呼ばれる寮で総勢2000名が集団生活を送る。4学年から1学年と完全縦割り社会、軍隊に近い厳しい規律の下、将来のリーダーを育てるべく徹底的に鍛えられる。特に1学年は休日関係なく24時間体制で上級生に指導を受ける。1学年に息をつく暇はない。分単位で定められたタイムスケジュールの下、1日1日を全力で生活する。ミスをせず、求められることに対して1

00％以上のアウトプットを出すことが指導されないための唯一の免罪符《めんざいふ》だった。

ここでいうアウトプットとは行動して生まれた結果のことだ。手を抜こうものなら安泰の生活はなくなる。場当たり的な「気合」や「根性」といったもので乗り越えられるほど甘いものではなく、常に考え、行動を変え、結果を出し続けなければならない。そんな組織だった。

防衛大は毎年4月1日が着校日で、4月5日までの5日間は「お客様期間」と呼ばれ、防衛大での実際の生活を体感する期間となる。その間は1学年は上級生から指導されることはない。指導されるのは2学年だ。指導される2学年の姿を見て、最初の5日間で40人ほどが自主退校していく。入校することを選択した1学年は4月5日の夕方より防衛大学校生としての生活をスタートさせる。

つい最近までぬくぬくと生活していた私にとっては、何から何までカルチャーショックな毎日だった。

この学生舎生活において4学年は抜群の「リーダーシップ」を発揮し、下級生をまとめる。そして、3学年、2学年は1学年に対して「リーダーシップ」を発揮し、さらには4学年に対して「フォロワーシップ」を発揮する。「フォロワーシップ」とは一言で表すと「上級生を支える力」のことだ。一般企業に置き換えると「上司を支える力」と言い換えることができるだろう。

採用困難と言われる昨今、多くの企業において、リーダーシップだけでなく、フォロワーシップを発揮する人材を求めている。そして何よりもストレスフルなこの世の中を生き抜くために必要な強いマインドを持っている人財を求めている。もっと言うのであれば、困難なことに対しても折れない心を持っている人財だ。

私は卒業後、海上自衛隊の幹部候補生学校を経て、営業職として一般企業へ入社した。２０１６年には独立し、人財育成をメインとする研修会社を立ち上げた。

それも「防衛大で学んだこと」をメインコンテンツとした研修会社だ。

とある企業の採用担当者から「防衛大生のような人財が欲しい」と言われたことがある。理由を聞くと、「礼節を重んじ、上には忠実だけれど、決して迎合しない。さらには過酷な環境で鍛え上げられた気力と体力は魅力的です」と言う。

自分で当たり前だと思っていたことでも一般企業ではどうも違うらしい。

本書では防衛大で学んだ「折れない心」の作り方をメインに紹介させてもらう。

防衛大式 最強のメンタル

CONTENTS

第3章 「行動」を変える

一歩、踏み出してみる。その差が「心の強さの差」につながる

第4章

「休み方」を変える

心が疲れて暗い気持ちになってしまった時にできること

第5章

「結果」を変える

心の在り方次第で、過去も未来も変わっていく

第7章

「逆境」はあなたの人生を輝かせる、最高のエンターテイメント

第1章

強さのタネを育てた防衛大での生活

1 合言葉は「廊下は戦場」「時間は奪え」

防衛大での生活で、まず一番驚いたことはそのタイムスケジュールだ。時間厳守は絶対。1秒でもタイムスケジュール通りに動かなければ上級生からの指導が入る。

1学年が上級生から求められることは「上級生から指示されたことに対して最高のアウトプットを出すこと」だ。どんな劣悪な環境でも、理不尽な指導があったとしても最高のアウトプットを求められた。出せなかったり、合格のレベルに達しないともっと厳しい指導が待っていた。

厳しい指導の連続はストレスが増えるばかりだ。ストレスをためると求められるアウトプットを出すことができなかった。人間だからそうだろう。ストレスを抱えている状況で、最高のパフォーマンスを発揮しろと言われてもそれは困難なことだ。

上級生が求めるレベルのアウトプットを出すために、心を整え、考え、努力し、実践、行動するしかなかった。

これは現代社会で働くビジネスマンにも共通して言えることかもしれない。ある日、突然の不景気が来たとしても、嫌な上司から理不尽なことをされても、部下がこちらの指示を聞かずに暴走したとしても、生き抜くためには最高のアウトプットを出さなければならない。

そして、この**アウトプットを出すために一番大切なことが、困難なことや、ありがたくないことを目の前にした時に決して、あきらめたり、嘆いたり、投げ出したりしない強い心だ。**

防衛大ではこの「心」を徹底的に鍛えられた。

ここで、防衛大学校の生活をご紹介する（在籍していた２００２年当時のもの）。

06：30 朝は毎朝ラッパと同時に起床する。５分以内にシーツと毛布をきれいにたたみ、上半身裸、真っ白のタオルを持ち、舎前《しゃぜん》と呼ばれる寮の前の広場に集まる。そこで乾布摩擦《かんぷまさつ》をしながら日朝点呼《にっちょうてんこ》を行う。それも毎日だ。春夏秋冬など関係ない。冬は寒くて寒くて仕方ない。この日朝点呼の集合に遅れようものなら、体力錬成という名の下、腕立て伏せやらを行わされた。私が在籍していたころは多少なり体罰指導があったため時間に遅れたりしようものなら上級生からの指導は悲惨を極めた。

06：40〜07：00 日朝点呼後は、全力疾走で各自指定された清掃場所に向かう。防衛大では毎朝、毎晩と学生舎と呼ばれる寮をピカピカにするために清掃を行っていた。清掃道具を取りに部屋に戻るわけだが、そこで目にするのは解体されたベッドや窓から放り投げられた毛布やシーツだ。日朝点呼が行われている間に上級生が毛布、シーツをきれいにたたんでない学生にこれらのことを行う。

清掃場所に行けば、そこには「長」と呼ばれる2学年がいて、清掃の手順や手際が悪いと、ここでも指導される。起きてから全く息つく暇もない。もちろん、その間に歯磨き、洗面は一切行わない。指導が入るので07：00までに終わることはまずない。

07：00 朝食の時間だが、私の時代にはこの朝の時間に容儀《ようぎ》点検なるものが行われていた。毎週日曜日の日夕点呼時に作業服の容儀点検があった。作業服とは防衛大生が日常的に着る服だ。この作業服の容儀点検は本当にきつかった。いかんせん、シワ一つついていない、埃《ほこり》一つついていない、靴は顔が映るくらいまでピカピカの状態にしなければならなかった。この日曜日の容儀点検に落ちた学生は平日の07：00から08：00までの間に容儀再点検を受けなければならなかった。1学年はこの容儀再点検の時間を毎朝取らなければならない。朝食など食べている暇はない。ほぼ5分で済ませていた。

毎日、起床してからの1時間半はこんな具合だ。

このような中、最初に教育されること。それは「廊下は戦場」というキーワードだ。要は、自室以外は戦場と同じであって、一切気を抜くなということだ。廊下で談笑しようものならその後、上級生から徹底的に指導される。

入校した翌日に廊下でひどく指導されたことがあった。案の定、日朝点呼後にベッドが解体されていて、ベッドを元に戻すのに同部屋の同期に手伝ってもらった。そして、指定された清掃場所に向かう途中に、廊下でその同期に「ありがとう」とお礼を言った瞬間だった。

上級生に呼び止められて、「廊下は戦場だと言ったよな。お前余裕あんのか。今日からお前の時間を奪ってやる」と何とも脅迫じみたことを言われたわけだが、本当に時間を奪われた。その日から1週間は、毎朝ありえないくらいにベッドを解体された。容儀点検は全く受からない。そして、廊下では歩く度《たび》に指導された。

さすがに心が折れそうになった。私以外にも、私と同様に指導されている1学年は多数いた。多くの学生が指導に耐え切れなくなり、辞めていった。

精神的に強くならなければここでは生きていけないと真剣に感じた。**今のこの現状を打破し続けなければ生き残れない**と危機感しかなかった。

入校して半年ほど経つと、同じように指導されていた同期の中でも、誰が精神的にタフなのかが分かってきた。メンタルが強い学生にはその行動哲学や行動基準があった。それらの学生と共に釜の飯を食べたことは本当に良かった。

一般企業に入っても心が折れそうになったことは何度もあったが、そんな時に思い出したのは、この過酷な大学で過ごした期間と過酷な事を乗り越えてきた自信、それを教えてくれた同期をはじめとする防衛大生たちの存在だ。

どんな苦しい、過酷な環境でも人は乗り越えることができる。乗り越えるために必要なことは全て防衛大での生活から学んだ。

みなさんの一助になれれば、これほどうれしいことはない。

2 「4つの成長ステージ」で鍛えられる折れない心

防衛大には各ステージで標語がある。

1学年は「模倣《もほう》実践」、2学年は「切磋琢磨」、3学年は「自主自立」、そして4学年は「率先垂範《そっせんすいはん》」だ。

1学年時はとにかく防衛大生活になれるために、上級生の真似をする。右も左も分からない防衛大生活で、まず最初に自分の生活を確保するには真似をするしかない。自分判断でやって、上級生から指導されたらたまったものではない。上級生たちも1学年時はとにかく先輩たちの真似をしたと言っていた。

ただ、**いつまでも他人のコピーをしていてもしょうがない**。まずは真似をするが、それでうまくいかなかったら、自分たちで考えて行動しなければならなかった。自分たちで考えて行動できない学生は常に同じ指導を上級生から受けていた。

これは一般企業でも言えることかもしれない。新入社員はとにかく先輩社員たちの真似をする。ただ、経験値が増えていく過程でずっと真似をしていてもうまくいかないことは多々ある。そこで、どのようにすればより質の高いアウトプットを出せるようになるかを考えるようになる。

ここで考えなければ、成長しない。成長しなければ、ストレスがたまる。周囲のできる人と比べた時に劣等感を感じることもあるだろう。

逆に、考え行動して、力をつければ、人に認められるようになる。人間だれしも人に認められたいものだ。認められるようになるには、まずは人の真似をして、その後、自分で考えて考えてトライアンドエラーを繰り返し、自分たちの「個の力」を上げる必要がある。

防衛大1学年時に言われたことがある。

「悩むな、考えろ、そして行動しろ」

まさにその通りだと思う。

入校したばかりの時の私は常にくよくよ悩んでいた。そんな時に上級生から言われたのが先の言葉だ。つい最近までぬくぬくした高校生活を送っていた私は、防衛大の厳しい環境、指導に追いつめられていた。あまりに厳しい環境は時として人から思考を奪う。人間は考え続けなければならない。くよくよしていた私に上級生はこうも言った。

「素晴らしいと思う上級生の真似をまずはとことんしてみろ。上級生じゃなくてもいい。デキっ子の同期の真似でもいい。とにかく何も考えずに真似をしろ。そして、それでも指導されたらどこがダメだったか考えろ。**悩む時間は何も生み出さない**」

防衛大では生活力が高い学生をデキっ子と呼んだ。その逆はダメっ子だ。私はダメっ子だった。ダメっ子が悩んだところで何も生み出さない。現状を変えるためにはまず真似をしろというわけだ。真似をするということは行動することなので、悩んでいるよりもよほど生産性が高い時間になる。そこでうまくいかなければ考えろと、そして、また行動しろということだ。

そこからデキっ子の真似をとことんまでするようになった。真似をするための一番の近道は一緒に行動する時間を増やすことだ。とにかく共に行動してみた。すると、見えてくる。**デキっ子たちは決して、悩まない。その代わりに考え、改善し、行動し続けている。**

人間だから心が折れそうになったり、くよくよ悩み続けることもあるかもしれない。そんな時は周りを見て、できる人の真似をとことんしてみると何か見えてくるに違いない。

毎日、解体されるベッドに、廊下では怒声を浴びせられ、容儀点検ではこれでもかと再点検再点検の連続だ。正直、一般大学に進学した高校時代の友達たちをうらやましいと思ったことは何度もある。辞めようと思ったことも何度もある。

その度に自問自答してきたことがある。

「今のお前は悩んでるだけではないか？　解決するために考え、行動しているか？」

考え、行動をする。トライアンドエラーの繰り返しは折れない心を作り上げる。あれだけ辞めたい、しんどいと思っていた防衛大1学年時の生活も今となっては良い思い出だ。また、そこを乗り越えたからこそ、今こうやって書籍も出せている。

その時に**つらいことがあっても明るい未来は必ず来る。**

まずは、**それを信じることが「折れない心」を作るために必要なことだ。**

3 「徹底された規律」の下、最後に残るものとは

一般大学と防衛大の決定的に違うところは軍隊に近しい「厳しい規律」にある。一般大学では想像できないようなものも多い。

1学年から4学年まで約2000名が集団生活をしている。規律が乱れると集団生活もグダグダになる。規律を破ったものは、上級生下級生関係なく指導された。そこに関してはある意味、平等な世界だ。

ここで「厳しい規律」の一部を紹介させてもらう。

まず平日の外出は禁止だ。土日は外出が許されるのだが、服装は制服だ。制服もシワ一つない、埃一つついていないものでないと外出できない。外出点検なるものがあり、それに落ちてしまえば外出はできない。ちなみに入校したばかりの1学年がこの

外出点検に一発合格することはまずない。茶髪、ピアスはもちろん禁止だ。髪型は角刈りで、もみ上げは耳の穴より上でなければこれまた指導される。

1学年は入浴時に湯船につかってはいけない。湯船につかり、まったりする時間があるのであれば他にやるべきことがあるだろという何かしらのメッセージであったと今では思う。入ったばかりの1学年は無力だ。力をつけねばならない。湯船につかっていても力はつかない。

他にもまだまだある。自室の外で上級生とすれ違うときは敬礼をする。敬礼を忘れることは「欠礼」と呼ばれ、とんでもないことになる。待っているのは上級生からの地獄の指導だ。

授業には教務班（学科）ごとに整列行進して向かう。列を乱そうものなら、それもまた厳しく指導される。他部屋に入室する際は入室要領なるものがあり、それを行わなければならなかった。1学年時はこの入室要領をなかなか完璧に行えずに苦労する。

本当に様々な規律があった。この厳しい規律に耐え切れなくなり、辞めていく学生も多かった。確かに、想像できないような規律が多い。破りたくて、破る学生はいなかったが、なかなか完璧に守れる人はいない。

私自身、1学年時はこの規律が嫌で嫌でたまらなかった。外出も土日しかできず、しかも外出点検に合格しなければ外出できない。言っても20代前後の若者たちだ。これはストレスがたまるだろう。

ある日、同部屋の4学年に聞いてみた。

「規律が厳しすぎて、ストレスはたまりませんでしたか？　たまったとしてストレス解消は何かやってましたか？」

自分でもよくもまぁ、こんな大胆な質問ができたと思う。よほどストレスがたまって追い込まれていたのだろう。

するとその上級生はこう言った。

「ストレスはたまる。ただ、その時だけだ。今思うと、あの時期はストレス耐性を高めるための大切な時期だった。ストレス耐性を高めた後に残るのは、逆境に負けない心と常に挑戦するという強烈な個性だ」

それまでたまったストレスを解消することばかりを考えていた私には、新鮮な考え方だった。ストレスがたまっている時期はストレス耐性を高めていると思えば、前向きになれる。そもそも**誰もがストレスはたまる。たまらない人間はいない。たまったス**

トレスに対してどう考えるかが大切だ。

ストレスがたまったからといって投げやりになったり、悩んでも、もしかしたら仕方ないことかもしれない。ストレスに対して、どうやって向き合い、どうやって乗り越えるかが大切なのだ。この「どうやって」ということが肝になるかもしれない。向き合い方は人それぞれだが、前向きに向き合い、対処した人にはそれなりのストレスに対する対応策が身に着くのだろう。おそらくその身に着けた対応策のことをその上級生は「強烈な個性」だと言ったのだと思う。

それからは厳しい規律は全て、自分自身のストレス耐性を高めるために大切な時期だと考えるようにした。とはいえ、人はストレスを感じて、苦しくなることがある。そんな時は同じような環境を経験して、乗り越えてきた人たちと話をするようにした。防衛大では上級生たちだ。一般企業でいえば、上司といったところだろうか。

感じたストレスなんて、後から考えると大したことなかったなんてことはよくある。

私は防衛大を卒業して、幹部候補生学校を経て、一般企業に営業職として入社したわけだが、新しい環境で最初はストレスがたまった。何よりも営業職だ。営業電話をしても何度も断られる。上司からは予算を達成しろと毎日言われる。そんな状況だったが、全ての経験はストレス耐性を高めるための、もっといえば、近い未来、最高のアウトプットを出すための大切な時期であると考えるようにした。

すると、気が楽になる。今はダメでもここを乗り越えれば明るい未来が待っている。明るい未来を得るための投資時間だ。

研修などを行うと多くのビジネスマンが現状に対して、何かしらの葛藤やストレスを抱えている。それはそれで当たり前だ。ただ、1つ言う。

「ストレスを感じた時はストレス耐性を高めている。今まさに成長していると思ってください」

そう思うと、前向きになれる。

がっちがっちの厳しい規律のおかげで今があると思っている。人間なんて、もともと怠惰な生き物だ。防衛大ではそんな怠惰な自分に喝を入れてもらったと思っている。

今、まさにストレスを感じている人へ、これはチャンスだ。ストレス耐性を高めるための大切な時期だ。ストレス耐性を高めて、高めた結果待っているのはどんなことにも心が折れない強烈な個性だ。

4 周囲と協力すれば不可能なことなどない

防衛大では3学年時に「断郊訓練《だんこう》」という7キロの距離を8人一組で走るタイムレースがある。それも、もちろんただ走るだけではない。訓練時の恰好で走る。半長靴と呼ばれる「ブーツ」を履き、背嚢《はいのう》と呼ばれる布で作られた「リュックサック」を背負い、水筒なども装備する。重さ10キロの重りを背負って走るようなものだ。そして、8人全員でゴールを切る。他の一般大学では経験できない防衛大ならではの経験だ。

防衛大にも女子学生はいる。私が在籍していたころは、男子17人に対して女子1人の割合だったと覚えている。

この断郊訓練に、もちろん女子学生も参加する。男子のチームに女子が振り分けられるわけだが、ここでおもしろいことがある。男女混合チームが男子チームにタイムで勝る時があるのだ。どう考えても女子は男子と比べて体力がない。女子に重さ10キロの荷物を背負わせて7キロも距離を走るなど酷《こく》なことだ。

男女混合チームはタイムを出すためにとにかく考え、行動する。女子に10キロの荷物を持たせ続けることなどしない。7キロのどこかのタイミングで、女子の荷物を代わりに持つ男子学生もいる。そして、チームにはリーダーなるものもいて、ピンポイントでへばってきた女子学生に声をかけるなどありとあらゆる手を尽くす。

そうやって、手の内を尽くし、男子のみのチームに勝っていく。

この断郊競技会で学んだことは、**人間、周囲と協力をして、考え、行動をすれば乗り越えられないものなどない**ということだ。

自分ひとりだと乗り越えられないようなことでも、周囲の力を借りれば乗り越えることができる。防衛大ではこのようなことが多々あった。

私自身、防衛大に入校した時はとにかく何かに追い詰められ、自分で何とかしなければと常に思っていた。そう思っている時は、時として空回りすることも多々あった。

しかし同期の力を借りるようになった瞬間、まず気持ちが落ち着いた。そして、同期と協力し合うことによって、同期の知恵も借りることができた。何でも一人でしようとしていたころとは大きく違う。

周囲の力をうまく使い、結果が出れば、それは自分の中での成功体験としてノウハウもたまる。乗り越えた分だけ気持ちも強くなる。

もし、現在、行き詰っている方がいたら、一度深呼吸でもして、周囲を見渡してもらいたい。きっと力を貸してくれる人がいる。そして、行き詰っているその問題の解決に一役買うことだろう。

第2章

「現状」を変える

心の使い方1つで世界の在り方が変わる

1 「恐怖」と「不安」は誰もが持っている

防衛大生は、日中は「制服」を着ている。これは一般のビジネスマンに例えると「スーツ」の扱いだ。そして、課業が終わると「作業服」に着替える。これまた例えると家で着用している「普段着」の扱いとなる。極端な話、一般社会であれば家の中ではどんな格好で過ごそうが問題にはならない。

しかし、完全全寮制の防衛大ではそうはいかない。だらしない恰好をしようものなら上級生からの指導が入る。毎週日曜日に行われる日夕点呼ではこの作業服の「容儀点検」があった。点検官は4学年だ。この作業服の容儀点検で一番厄介だった項目は「着こなし」というものだった。これは後ろからつまむことができないくらい、作業服の背中を張るというものだ。ワイシャツを例に挙げるとワイシャツを後ろからつかめたらダメだということ。不備があれば、合格するまでこの容儀点検が続く。

ただでさえ、時間を奪われる1学年においてこの容儀点検は憂鬱《ゆううつ》なもの以外何物でもなかった。入校したばかりのころは、この容儀点検に一発合格することはまずありえない。点検の要領だが、例えば「靴の磨き」に不備があったとする。そうすると、点検官である4学年が対象学生に「靴の磨き不備」と言う。それを対象学生は「靴の磨き不備っ」と大声で復唱する。1学年は一列にならび容儀点検を受けるわけだが、列のあらゆるところで不備事項を復唱する声が聞こえる。ひどい点検官になると服装とは全く関係ない不備事項も言ってくる。

今でも忘れない「不備事項」がある。

「目の輝き不備」

この「不備事項」に関しては正直、どうしてよいのかわからなくなった。

「容儀点検」も3カ月ほどすれば、合格する学生と毎回不合格になる学生とはっきり分かれるようになる。この合格する学生はいわゆる「デキっ子」と呼ばれる学生だ。

毎回不合格になる学生は「ダメっ子」と呼ばれる学生だ。

残念ながら私は「ダメっ子」の部類だった。何度点検を受けても合格しない。毎日、点検準備をするので時間がなくなり、他のやるべきことに時間を割くことができない。その結果、また上級生に指導されるといった悪循環に完全にはまり、ただただ焦っていた。

このままではまずいと思い、たまたま隣部屋に小隊一の「デキっ子」がいたので容儀点検に受かるコツを聞いてみた。彼は丁寧に「プレス」のかけ方や靴の磨き方を教えてくれた。プレスとはアイロンがけのことだ。私がお礼と一緒に「容儀点検はもう余裕だろ」と軽口をたたくと、彼は「とんでもない」と言う。そしてこう続けた。

「容儀点検に対して、不安と恐怖しかない。ただ、不安や恐怖を感じるだけだと点検には受からない。だから完璧に準備をする」

小隊一の「デキっ子」ですら、毎回容儀点検に合格し続けているにも関わらず「不安」や「恐怖」を感じて日々全力で準備をしていた。私はただ不合格になるかもしれないという「不安」と、不合格を言い渡された後に待っている上級生からの指導に対する「恐怖」のみを感じ、焦りを募らせ、現状を変えようとする努力を怠っていた。

「デキっ子」に比べて、ただ何となく容儀点検の準備をしていたことを猛省した。

どのように準備をすればよいのかといったことを、とにかくこの「デキっ子」から教えてもらい、全て行動に移した。それまでは一日に2〜3回程度しか磨いていなかった靴に関しては、1分でも時間が取れるのであれば磨いた。プレスも5分でもあればやるようにした。「容儀点検」に対する不安や恐怖を消すためにとにかく時間と労力を使った。ここまで準備して落ちたらそれはそれでしょうがないというレベルまで準備をした。

今思うと「目の輝き不備」と言われたのは、努力をしていなかった自分への自信のなさが原因だったのかもしれない。

全力で準備をし続けて、1カ月も経てば不思議なことに「容儀点検」にも受かるようになった。**気の持ちようも行動一つで変えることができる**と本当に痛感した。

「不安」や「恐怖」は誰もが感じることだ。ただ、それら**ネガティブなことを感じた後にどうするか、現状を変えるためにどうすればよいかということを考え、行動に移すかどうかで未来は変わる**ということを彼からは学んだ。そして、**考え、行動して成**

功体験を積むことが「不安」や「恐怖」を軽減し、解消するための唯一の方法だ。

「不安」や「恐怖」を感じないズボラなビジネスマンはその他大勢から抜け出すことはできない。また、「不安」や「恐怖」を感じるだけのビジネスマンもまた、この競争社会で生き残ることはできない。心の強いビジネスマンは「不安」や「恐怖」を感じ、それを自分の中の弱さと認め、それを解消しようと努力をする。

心は曲がってもいい。ただし、折れたらダメだ。「不安」や「恐怖」を感じることは決して恰好悪いことではなく、自分自身が成長するために大切なことだ。

「不安」や「恐怖」を感じた時こそ、現状を変えるチャンスだと言いきっても間違いない。

現状を変えるPOINT

不安に怯えず、不安を感じないくらいの準備をする

2 あなたは「自分」を受け入れているか

１学年時に「遠泳訓練」なるものがある。総勢５００人からなる1学年全員が列を組み、東京湾を8キロメートル泳ぐという訓練だ。1学年時の「共通訓練」のメインイベントといっても過言ではない。

訓練時、泳ぎの上級者は白い帽子を、泳ぎ中級者は黄色の帽子を、そして泳ぎ下手の学生は真っ赤な帽子をかぶる。残念ながら私は真っ赤な帽子だった。

真っ赤な帽子をかぶっている学生はまとめて「赤帽」と呼ばれた。「赤帽」は最低でも、黄色い帽子へとステップアップするために水泳補備《ほび》訓練を受ける。補備訓練は防衛大の敷地内にあるプールで行われる。人とついつい比べてしまうのは人間の性《さが》なので仕方ないが、正直赤帽は恥ずかしかった。私以外の赤帽もどこか恥ずかしそうにしている。

補備訓練は指導教官と呼ばれる現役の幹部自衛官の下で行われるわけだが、補備訓練最初に指導教官から言われた内容は今でも忘れられない。

「君らは泳げない。まず、自分は泳げない人間だということを受け入れるところからこの補備訓練は始める」

泳げないことをどこか恥ずかしいと感じていた「赤帽」たちの心を完全に見抜いていた。見抜かれたことが「赤帽」であるという事実以上に恥ずかしかった。泳げる泳げないは別として、8キロメートルを泳ぐ本番当日は決まっている。そこから逆算して、ただ泳げるようになればいいといった内容を他の「赤帽」たちと話し、励まし合った記憶がある。

泳ぎがうまい、下手なんかは関係ない。とにかくそんなことを気にせず、8キロメートルを泳ぐ練習を全力で行おうと腹をくくると不思議なことに泳げないことへの恥ずかしさは消えた。

子供と違い筋力もあるので、プールでの補備訓練のおかげで25メートルはすぐに泳げるようになった。すると今度は別の指導教官が「25メートルを泳げれば8キロもすぐに泳げるよ」と言う。これにはたまげた。練習舞台は「プール」から「海」に変わったわけだが「海」での訓練は想像を絶していた。

まず、高波で船酔いをする、さらに、東京湾は汚すぎて前が見えない。訓練後に真っ白なバスタオルで体を拭くと、海水の汚れで真っ黄色になる。安全確認のため、泳いでいる学生たちの周りには教官が乗った船も並走する。列を組んで泳ぐわけだが、列が乱れると船の上の教官から拡声器で注意をされる。

本番は7時間くらい泳ぐので、本番を想定して食事の支給もされる。教官が乗っている船の上から「乾パン」を投げてくる。それを500名にも及ぶ青年男女が波にもまれながらパクパク食べる。その光景はまるで池の中でエサを食べる「鯉」だった。たまに海鳥に乾パンを横取りされることがあり、あの時はさすがに悲しくなった。鳥の俊敏性にはどんなに訓練を積み重ねてもさすがに勝てない。

こんな一般の人では経験することができない訓練を行っていたのだが、本番当日は白帽、黄帽、赤帽など関係なく、全学生が完泳した。恥ずかしかったこと、つらかったこといった感情とは比べ物にならないほどの達成感を感じた。中には涙している学生もいた。

8キロメートルを泳ぐための訓練は本当にきつかった。海での訓練において、3キロメートルほどを過ぎるといつも気持ちが悪くなった。ただ、赤帽全員で泳ぎきることも約束していた。諦めるとこれまでの努力が全て水の泡になると思うと、自然と体が動いていた。

また最初は全く泳げずに恥ずかしさしかなかったが、泳げる距離が伸びてくるとそれはそれで毎日達成感も感じていた。**できないことができるようになることが、もしかしたら一番達成感を感じるときかもしれない。**

最初は全く泳げなかったわけだが、最終的には泳ぎきり、この経験は自信へと変わった。「不可能なことなんてない」と感じた瞬間でもあった。

この遠泳訓練を振り返ったときに全ては「泳げない人間」であるという自分を受け入れることから始まった。あの時点で恥ずかしさや愚痴なんてこぼしていたらまず完泳することはできなかったと今では断言できる。

「現状」を変えようと思ったらまずは「現状の自分」を受け入れることから始めなけ

ればならない。

どんな人にも不可能なことなどない。不可能を可能にした後の達成感は、人をポジティブに変える。

心の折れない、強い人は「現状の自分」を受け入れる。受け入れ、改善し、行動を続けた先には明るい未来が待っていると知っているから。現状を受け入れることの重要性を教えてくれた教官には本当に感謝してもしきれない。

現状を変えるPOINT

できない自分を隠さない。卑屈にならない。改善し、行動し続ける

3 プライドを捨てられるか

防衛大生は「学生舎」「校友会」「勉学」という三本柱から成り立っている。

「学生舎」とは寮での日常生活のことだ。「校友会」とは部活のようなものだ。「気力」だけでなく「体力」もつけるという名目で、全学生に対して入部を義務付けられる。

そして、「勉学」とは一般大学同様の授業のことだ。

一つでも手を抜こうものなら上級生からの厳しい指導がもれなくついてくる。どれ一つとして「手を抜かせない」というのが防衛大のキャンパスライフの特徴だ。

私が所属していた校友会は「短艇《たんてい》委員会」だった。「カッター」という手漕ぎボートを海上で漕ぎ、タイムを競い合うスポーツだ。「カッター」の構成は船の指揮を執る艇指揮1名、船の舵を取る艇長1名、船を漕ぐ漕ぎ手12名、予備の漕ぎ手1名と計15名から成り立っている。

数多くある「校友会」の中でも、この「短艇委員会」は特に厳しかった。部員数は40名前後で、監督、コーチといった指導者はおらず、技術指導から校友会運営まですべて学生主体で行っていた。

「すべてはこの瞬間《とき》のために」という標語を掲げ、毎年5月に行われる「全日本大会」に全てをかけていた。レースなんてたかだか11分前後だが、その11分前後のために毎日過酷な練習に励む。

まず、練習は「ポンド」と呼ばれる走水港《はしりみずこう》で行われる。私の在籍時は、授業が終わり、他の学生が隊列を組み歩いて帰る中、「短艇委員会」の部員はダッシュで帰る。それもあり得ないくらいのダッシュだ。学年など関係ない。上級生に抜かれようが、下級生に抜かれようが、怒られる。ある意味、平等な世界だった。そして、海上での練習はもっと過酷を極めた。重さ11キロのオールを使って漕ぐわけだが、まず手のひらの皮がボロボロに剥《む》ける。

そして、次に剥けるのが「お尻の皮」だ。漕ぎ手は「漕手座《そうしゅざ》」と呼ばれる厚さ5センチほどの木版の上に座って漕ぐわけだが、「漕手座」とお尻がこすれて皮が剥ける。手のひらの皮が剥ける時の何倍も痛い。「お尻」が痛すぎてイスに座ることもできない、そして仰向けで寝ることすらできない。

余談になるが、防衛大には1年に1回体力検定なるものがある。種目は「50メートル走」「1500メートル走」「立ち幅跳び」「懸垂」「ソフトボール投げ」の5種目で優秀な成績を出すと表彰され、名誉あるバッジをもらう。表彰される学生は2000名のうち50名程度だった記憶がある。そのバッジを制服や作業服の胸につけるわけだが、「短艇委員会」に所属している学生のほとんどがこのバッジを胸につけていた。そんな体力自慢の集まりが「短艇委員会」だった。

「短艇委員会」の先輩の中に「超」がつくほど厳しい先輩がいた。周囲に対しても厳しかったが、それ以上に自分自身に対して相当に厳しかった。他の部員が腕立て伏せを50回するところ、その先輩は100回やる。他の部員が200メートルダッシュを5本やる時に、その先輩は10本やる。もちろん漕ぎもうまかった。そんな先輩を尊敬していた。

当時の私は、他の部員よりも体も小さく筋肉もない。持久力もない。周囲に対してのコンプレックスしかなかった。先輩たちには「どうすれば漕ぎがうまくなるか」を色々と聞けたが、ライバルである同期にはどうもプライドが邪魔して聞けない。だから当然うまくならない。

ある時、先の尊敬する先輩に漕ぎのことを聞いたところ「同期のYに聞いてみろ」と言う。その時は「わかりました！」と威勢よく言ったものの、いざ聞こうとすると、ライバルでもある同期に教えを乞うことは負けを認めているようで聞けなかった。

数日後、先輩から「お前の漕ぎは全く良くなってないがYに聞いてみたか？」と問われ、聞いてませんと正直に言うと烈火のごとく怒られた。そして、こう言われた。

「現状の漕ぎの上手い、下手なんてことはどうでもいい。1カ月後、2カ月後、ましてや全日本が開催される時にどれくらいうまくなっているかが問題だ。お前がやっていることは手抜き以外の何物でもない。俺は、全日本で優勝できるのであればどんなことでもやる。現状の自分の力が最低だと思っている」

実績もあり、周囲からもいつも「うまい」と言われていた先輩ですらそう思っていた。自分の人間の小ささと、小さなプライドが本当に情けなくなった。

その後、同期のYに頭を下げて漕ぎ方を教えてもらった。ついでに何度も聞こうと思ったが、聞けずに先輩にひどく怒られたことも話した。Yは心よく教えてくれて、より一層自分の抱えていた小さなプライドが恥ずかしくなったが、それからは先輩、同期、後輩関係なく、プライドなんて捨てて漕ぎのうまい部員には何でも聞くようにした。そして愚直に実践してみた。面白いもので、繰り返すうちに漕ぎがみるみるうまくなった。最終的には全日本メンバーにも選ばれ、日本一にもなった。

これは一般企業内でも往々にしてあることではないだろうか。

営業成績が良いライバルに勝ちたいが、そのライバルにはなかなか素直な気持ちになれず、売上の上げ方を聞けない。自分よりも成果を出している後輩には成果の出し方を聞けない。そりが合わない上司に対して自分の悩みを相談できない。

職業柄多くのビジネスマンと触れ合うが、そのように思っている人は意外に多い。そんな時は伝えるようにしている。

「現状なんて関係ない。なりたい自分がいたとしたらプライドなんて捨てて、聞けばいい。そして聞いたことをまず愚直にやればいい。1年後、2年後に成果が出ればそれは現状を変えたことになる。現状を変えられない自分に待っているのは自己嫌悪しかない」

私自身も社会人になって1年目の営業成績は散々だったが、上司、同期、後輩と関係なく成果を出している人に、営業という仕事について頭を下げて教えてもらった。すると、2年目から5年目まで社内で営業MVPを独占できるまでになった。

現状を変えるために一番不必要なものは、自分の中にある小さなプライドだ。そんなものはかなぐり捨てて、まずは現状を打破すればいい。

大切なことは現状の自分ではなく、1年後、3年後、そして10年後と自分自身の未来の姿だ。小さなプライドを捨てれば、おどろくほど成長する。

現状を変えるPOINT

大切なのは今のプライドか？　将来の自分か？

4 「気合と根性」＋αを常に考えているか

防衛大ではいくつか禁句があった。

そのうちの一つが「時間がありませんでした」というものだ。この文言を使おうものなら、その瞬間から上級生に目をつけられる。これは「ロックオン」と呼ばれた。「ロックオン」された学生は今まで以上に指導される。

例えばだが、せっかくプレスした作業服を洗濯機にかけられる。当然、作業服はしわくちゃになる。また、1からプレスをやらなければならないが、1学年にそんな時間はない。私も作業服を洗濯され、しわくちゃの作業服で点呼に出たことがある。すると、上級生からは「何でそんな服装で点呼に出てるんだ」と厳しく指導されるわけだが、その際に「プレスをする時間がありませんでした」などと言おうものなら、さらにひどい指導が入る。とはいえ、他に理由がないし何よりも、怖すぎて何も言い返すことはできない。

なんと理不尽なことだと度々思ったが、中には洗濯をされたにもかかわらず、シワ一つない作業服で出ている同期もいた。理由を聞くと、洗濯されるというリスク、点呼で指導されるというリスクに備えてもう一着作業服を買っているという。防衛大生は作業服を二着支給される。点呼前に清掃があるので、清掃が終わるとシワ一つない作業服に着替えて点呼に出る。工夫している学生は自腹で作業服をもう一着買っていた。要は今着ている作業服の他に、きれいに「プレス」をしている作業服を二着ストックしているということだ。一着洗濯されても「プレス済み」のものがもう一着あるので、しわくちゃの作業服で点呼に出るという最悪の事態は免れる。

多少、小ズルいかもしれないが、生き抜くためには大切なことだ。私もその話を聞いて、すぐにもう一着作業服を購入した。プレスが汚いと指導されることはあったが、しわくちゃ状態の作業服で点呼に出るというリスクは免れた。

学年が上がるにつれ、考え方も変わった。上級生から指示されたことに対して、最高の「アウトプット」を出していれば、ひどく指導されることはないということがわかった。指導された後に、1学年は必ずと言っていいほど大声で「次からは同じようなことで指導されないようにします」「このようにならないように努力します」といったことを言うのだが、それを聞いて許す上級生はいない。

「頑張ります」「努力します」という精神論で100％のアウトプットを出すことなどできないということを、上級生は知っているからだ。私も何度もこの文言を言ったが、決して見逃されることはなかった。

「指導されないようにどのようにするのか」
「指導されたという現状に対してどのような行動をとるのか」

ということを必ず詳細に聞かれた。答えられなければ、考えてまた報告に来いと言われることもざらにあった。再度、報告に行くのは時間がもったいない。当時は生きていく中で「時間ほど大切なものはない」とどこか追いつめられたように感じていた。だからこそ真剣に考えた。真剣に考えて考えて報告に行けば、指導されることはあったが、立ち直ることができないほどのものではなかった。現状を変えるために考えたことを多少なり評価をしていたのだろう。

「頑張ります」「二度と同じようなことはしません」など言っても、それはただの「気合」と「根性」だ。**場当たり的な「気合」や「根性」では現状を変えることはできない。**先の自腹で作業服を買うではないが、一切余裕のないタイムスケジュールの中最高のアウトプットを出すための「＋α」をいつも自分で考える必要があった。


この経験は一般企業に入社した時に本当に生かされた。1年目はうだつの上がらない営業マンだった。第1章でもお伝えしたが、防衛大時代は「廊下は戦場」と呼ばれ、歯を見せると指導されるので歯を見せない訓練を行い続けたせいか、お客様先で歯を見せることができない。愛想笑いの一つでもできればいいのだが、顔が引きつって愛想笑いができない。そんな状況だからお客様にもおもしろみのない営業マンと思われる。要は機械的な営業マンだ。他の愛嬌のある若手営業マンに比べ、売上が上がるはずもない。

ただ、悲観的になっても現状は変わらないので、笑う訓練をしてみた。休日はお笑いのＤＶＤを大量に借りて、家の中で大声で笑ってみた。ちょっとでもおもしろいと思ったら「クスクス笑い」ではなく「大声」で笑ってみた。それを繰り返し、しばらくすると客先でも笑えるようになった。**人間、全力で訓練すると大概のことは解決される。**こんな小さなことでも立派な＋αだ。これは一例だが、他にも常に＋αの創意工夫をした。例えば、当時は電話営業が主流だったが、他の営業マンたちが電話に固執している間に、メールＤＭも作って営業を行ってみた。すると面白いようにアポイントが取れた。ＤＭの内容も常に創意工夫だ。明るい文面にしたり、まじめな文面にしたり、スポーツネタを入れたりといった具合だ。

1年もたつころには、新規開拓数だけ見ると一番だった。

大切なことは「気合」と「根性」だけで目の前の現状を変えようとしないことだ。もっと言うと、**精神論のみで現状が変わると希望的観測をもたないことだ。メンタルが弱いと思っているなら、なおさら＋αを考え行動することがあなたを救う。**

現状を変えるPOINT

精神論よりも行動でしか事態は変わらない

5 「逆ギレ」は現状をマイナスにする

先日、とある中小企業の部長からこんな相談を受けた。

「部下に注意すると、反発的な態度をとるんですよ。まぁ逆ギレのようなものです。どうしたら良いですか？」

往々にしてある中間管理職の悩みだ。

そして、同じような相談をその会社の社長からも受けた。

「部長に依頼事項をすると、ちょっと嫌そうな態度をとるんですよ」

部長は自分の部下の反発的な態度に頭を悩ませ、社長は部長の反発的な態度に頭を悩ます。ここで言えることは**誰もが「逆ギレ」を始めとする反抗的な態度をとられるのは嫌だと思っているけれど、自分はついついやってしまう**ということだ。

では、私はどうか。防衛大での生活を周囲にすると、決まって聞かれた。

「理不尽な指導に対して、逆ギレしなかったんですか」

確かにそう思われても致し方ない。普通であれば逆ギレしてもおかしくないができなかった。

理由は明白だ。入校したばかりの時に驚いたのは、まず上級生の体の大きさだ。自分よりも三回りほど大きい人もいた。痩せていても服を脱げば筋骨隆々だ。あんな筋肉など見たことがなかった。そんな人たちが、ドヤ顔でドスのきいた声で指導してくるわけだ。こちらも弱肉強食の掟くらいはわかる。怖くて逆ギレなどできやしない。


そんな中、一度だけ「逆ギレ」をしたことがある。2学年の4月のことだ。

1学年の立ち位置は、幹部候補生の「見習い」だ。その「見習い」から「幹部候補生」になるための登竜門が、2学年に進級したばかりの4月末に用意されている。「カッター訓練期間」と呼ばれるものだ。先に「短艇委員会」を紹介したが、これは競技として年がら年中「カッター」を漕ぐスポーツだ。「カッター訓練」とは2学年全学生が訓練として、1カ月にもわたり、カッターを漕ぐ。この「登竜門」を経なければば、一生見習いのままだ。ある意味、2学年の4月が一番過酷かもしれない。

そして、私は留年をしてこの「カッター訓練」を二度経験することになる。2学年の4月を乗り越え「さぁこれから」という2学年の10月に私の留年が決まった。

防衛大は人社系（文系）と理工系（理系）の2つから成り立っているのだが、私は理工系だった。高校時代に物理を1分たりとも勉強していなかったので不安はあったが、防衛大を紹介してくれた地元の自衛隊員が「防衛大に留年なんてない」と力強くいってくれたので高をくくっていたが、見事なまでに物理を落として一発留年した。

他の同期は3学年に進級している。完全縦割り社会であり、さらには2学年の4月は4学年、3学年からの指導も本当に厳しい。本来であれば同期のはずの3学年から毎日指導された。「留年した自分が悪い」と割り切っていたつもりだが、こちらにも感情がある。

ある日、「挨拶の声が小さい」と廊下で指導をしてきた3学年（元同期）に逆ギレした。たまりにたまったものもあったのだろう。とにかくキレた。指導した3学年は私が留年していることなど知らない。なんせ、1学年500名もいる組織だ。顔と名前なんて一致しない。完全縦割り社会の防衛大において、2学年が3学年に「逆ギレ」

したということで、４学年、３学年が緊急ミーティングを開いていた。「あいつをどうするか」といった内容を話していたのだろう。

その後、４学年に呼ばれた。厳しい体罰指導があるかと思いきや、そうではなかった。１人の４学年から、

「腹立つのもわかるが、どうしようもないことに逆ギレなんてしても何も変わらない。逆ギレして、お前が今すぐ進級できるのであればいくらでもすればよいが、そんなことは不可能だ」

全く怒られずに静かに諭されているようで、自分は感情に任せてなんて馬鹿なことをしてしまったんだと情けなくもなり、そして反省もした。確かに**「逆ギレ」したところで今のつらい現状が変わるわけではない。**むしろ、４学年、３学年とミーティングまで開き、温情措置ではあったが場合によっては厳しい指導が待っていたかもしれない。現状が良くなるどころかマイナスにしかならない。不思議なことだ。頭の中では「逆ギレ」などしても何も変わらないと思っても、ついやってしまう。

後から知ったことだが、その４学年も留年を経験していた。

それからは「逆ギレ」は一切しない。正確に言うと、逆ギレをしそうになったことは何度もあるが、我慢した。逆ギレしそうな場面と遭遇《そうぐう》しても、この場面が永遠に続くわけがない。ちょっと我慢すれば、未来はよくなる。もし、逆ギレをすれば待っているのは暗い未来だ。一時的な感情に左右されそうになった時は、深呼吸でもして、明るい未来を想像して、一度感情をリセットするようにした。深呼吸は効果的だ。

自己責任で起きた留年という現状を受け入れ、ただひたすらに2学年としての職務を果たした。するとおもしろいもので、「あいつは留年したけど頑張ってんな」「逆ギレしたけど反省したようだ。今度メシでも連れて行ってやろう」と言った具合に状況が次から次へと好転していった。

嫌なことを言われた時や面倒なことを依頼された時、ついつい態度に出てしまうビジネスマンは意外に多い。そういった感情を持つのは人間だから仕方ない。とはいえ、そのような態度を取ったところで現状が好転することはない。むしろ「マイナス」になる。そんな時は「深呼吸」でもして、今の自分の立ち位置を客観的に見ればいい。

ありがたくない「現状」に耐え忍べと言っているわけではない。そんな「現状」とぶち当たった時は、まず自分の立ち位置を見て、「現状」を変えて最高のアウトプットを出すためには何をしたらいいのかということを考え、ひたすら行動すればいい。**見てくれる人は見てくれている。行動すれば少なからず現状は変わる。大切なことは今ある「現状」をより良くすることだ。一番大切なことに対して全力で取り組めばいい。**

かの有名なウォルトディズニーは言った。

「現状維持は後退である」

まさにその通りだ。

「逆ギレは現状をマイナスにする」。目の前の感情に左右されるのは二流だ。左右されそうになった時は、現状を変えて最高のアウトプットを出している自分をまずは想像してみよう。**想像するだけでも、現状は前進している**はずだ。

現状を変えるPOINT

キレそう！　と思ったら深呼吸

6 自己保身は「ごまかし」の始まり

防衛大には集団生活が乱れないように、これまで何度か紹介してきた厳しい「規律」が存在する。
その「規律」の根本にある鬼ルールは次の3つだ。

1つ目は、「ウソをつくな」
2つ目は「言い訳するな」
3つ目は「仲間を売るな」

1学年は入校早々にこの3つを徹底される。そして、この3つに共通していることは「保身に走るな」ということだ。幹部自衛官になると、国家防衛、災害派遣、人命救助と、自分のことよりも優先しなくてはならないことは山ほどある。将来、幹部自衛官になり、有事の際に「保身に走る」ような行動を取られては困るということだ。「保身」とは自分の地位、名誉、安全を守ること。ウソをついて自分の地位を守ったり、言い訳して名誉を守ったり、仲間を売って自分の安全を守るような行動を取った際は烈火のごとく指導された。

例えば、防衛大には「ベッドメイキング」なるものがある。私が在籍していたころは、2段ベッドだったわけだが、シーツと毛布をビジネスホテルのベッドメイキング以上にシワ一つない状況までメイキングする。1人では難しく、通常は同部屋の同期と共にベッドメイキングを行う。指導されないための基準は「10円玉をベッドに落としたときに跳ねあがる」というくらいシーツ、毛布を張るというものだった。

とはいえ、1学年はこのベッドメイキングをうまくできない。一生懸命やってみたところで、毛布やシーツがたるんでしまう。たるみがあった際は上級生からベッドを解体されたり、毛布を3階から外に投げられたり、様々なありがたくないことが待っている。自分のシーツが寮の目の前にある木にぶら下がっていた時はさすがにたまげた。

そして、「なんでこんなに汚いんだ」と口頭での指導も入る。その際に「きれいにメイキングする時間がありませんでした」などと言えば「言い訳するな」と指導される。一番つらかったのは、「誰にベッドメイキングを手伝ってもらったのか」という質問だった。「○○学生（防衛大では公の場では名字の下に学生をつける）に手伝ってもらいました」などと言おうものなら、「仲間を売るな」と烈火のごとく指導される。さらには、手伝ってくれた○○学生への指導も入る。

このようにして、防衛大生は「自己保身に走るな」ということを徹底的に叩き込まれる。自己保身に走れば走るほど、目の前の状況がどんどん悪くなることを体で覚えさせられるのだ。

この「自己保身に走るな」という教育は本当に良かった。まず、防衛大は全寮制ということもあり、24時間寝食をともにするわけだが、自己保身に走らなければ、お互いが信頼し合って生活をするようになり、人間関係が「グッ」と良くなった。確かにそうだ。言い訳したり、ウソをついたり、仲間を売るような行動をとれば人間関係なんてすぐさま崩れる。

とはいえ、上級生の指導はやはりきつかった。言い訳をしたくなる時など多々あった。頭ではわかっていてもつい保身に走りたくなる時も多々あった。目の前にありがたくないことが迫った時、逃げたい、嫌だ、楽になりたいと思うのは人間だから仕方ない。そんな時は目の前のありがたくないことに感謝していた。この段階でこんな嫌な経験ができて良かった程度に思った。

例えばだが、1学年時にプレスが汚いと厳しく指導されたとする。指導が1学年の時でよかったと思えばいい。指導されるのは誰でも嫌だが、真摯に受け止めて、二度と注意をされないように全力でプレスをすればいい。4学年時になってプレスが汚いと指導教官に注意をされるよりもよほどいい。1年後、3年後、5年後に嫌な思いをするよりも早い段階で嫌な思いをしたほうがよほど得だと感じる。

防衛大で学んだこの「保身に走るな」という経験は一般企業でも大いに活かされた。まず、2008年に起きた100年に一度の大不況と言われたリーマンショックの時だ。多くの企業がこの大不況の煽りを受けて、業績が軒並み下がっていた。そして、営業マンたちは口を揃えて「景気が悪いからしかたない」と言う。不景気のせいで営業成績が上がらないのは当たり前ということだ。これは防衛大の教えで言えば、「言い訳」になる。売上が上がらないという「現状」を景気のせいにしているうちはその営業マンに明るい未来はない。「不景気だから」というワードを使い、自分の力のなさをごまかしているだけだ。正直、これは他の営業マンたちより頭一つ抜け出すチャンスだと感じた。どのようにしたら売上が上がるかということを真剣に考えた。同時に「言い訳」をする営業マンたちとの付き合いを全て辞めた。そして、一つの仮説を立てた。多くの営業マンが同じように業績が下がっている同業種のＩＴ系の企業に営業をしている間に、景気に左右されていない医療系の会社、もしくは医療系のシステム開発会社を開拓するというものだ。

最初は本当にしんどかった。なんせ、新規マーケットの開拓というものは、思っている以上に時間と労力を使う。休日関係なく営業活動を行った。中には「不景気だからそんな努力をしてもあまり意味がない」とご丁寧にアドバイスをしてくれる人もいた。最初は時間がかかったが、気づけば他の営業マンたちの売上が下げている中、私の売上は右肩上がりで伸びていった。

不景気だから、取引先の業績が悪くなっているからといった「言い訳」を排除して、どうすれば現状を変えられるかと考え、具体的な行動に移しただけだ。たまたま、うまくいったが、仮にこの仮説がうまくいかなかったとしても、売上が上がらないという現状を打破すべく違う仮説を立てて行動に移していた。

売上げが上がらない、お客様のクレーム……などを始めとする、目の前に起こるありがたくないことは誰でも嫌だ。逃げ出したくなる時もあるだろう。だが、そういった時こそ「保身に走るな」だ。**保身に走ったところで、現状は変わらない。保身に走っても問題は解決しない。**

自分にとってありがたくないことが起きた時こそ「保身に走るな」を肝に銘じたい。

現状を変えるPOINT

ピンチの時ほど何かのせいにしない

第3章

「行動」を変える

一歩、踏み出してみる。
その差が「心の強さの差」に
つながる

7 マインドセットの差を感じた「入校初日」

「逃げ出したい」と思ったことはないだろうか？　職場でうまくいかなくて辞めることばかり考えている……という人もいるかもしれない。

1学年の最初の1カ月ちょっとで100名前後の学生が「自主退校」していった。私自身も残るという選択をしたものの「辞めたい」と思ったことは何度もあった。

「逃げ出したい」といった表現がより正確かもしれない。

一方で「辞めることなど一度も考えたことがない」という精神的にタフな学生もいた。彼らには2つの共通点があった。

1つ目は、「防衛大に入った目的が明確である」ということだ。

「パイロットになるため」「親と同じ自衛官になるため」「阪神大震災で自衛官を見て

人の役に立てる自衛隊という仕事に魅力を感じたため」といった具合だ。彼らには「なぜ防衛大に入ったのか」という動機付けがしっかりとなされていた。

２つ目は、「防衛大卒業後の理想の自分の姿を描くことができている」ということだ。防衛大を卒業してからの「理想の姿」をしっかりとイメージしていた。「イージス艦の艦長になり世界中の海を航海する」「戦闘機のパイロットになり最先端のアメリカ空軍でただ一人訓練を受けている」といったことから、「災害が起きた時に瓦礫《がれき》の下に潜り込んで人命救助をしている」といったことをイメージしている学生もいた。

彼らはどんな訓練や指導にも弱音や愚痴を吐かない。厳しい指導により心が曲がりそうになったとしても、それが折れることはなかった。そして、その多くがエリート自衛官になり、今では全世界で活躍している。

リーマンショックの後遺症で、会社の業績が毎月悪化している状態の頃、優秀だった部下たちは辞めていった。残った部下といえば、ただ何となく会社に来ている者しかいなかった。経営陣からは、とにかく売上を上げるようにと毎日指示をされるが、部下たちはどうも動いてくれない。理由は明白だった。

「何のために、誰のために仕事をしているのか」という目的がなかったからだ。要は動機づけが全くされていない状況で、ただ毎日過ごしていた。そんな彼らも入社した時には何かしらの目的はあった。

例えばだが、「トップセールスマンになるため」「お金のことを考えずに親孝行をできる力をつけたいため」といった具合に。そんな目的も日々の業務が忙しく、そして不景気が来て、精神的にきつくなったりといった理由で薄れていっていた。

せっかく掲げた素晴らしい**「目的意識」は失うものではなく、日々の生活や業務でより一層強めていくもの**だ。

そこで、部下たちに「何のために、誰のために」仕事をやっているのかと、まず現状の売上や状況など関係なく思い出してもらうことにした。不思議なもので「売上」なんて考えなくていいというと、当初掲げていた「目的」を次々と話し始めた。ある者は「将来独立したいため」、そして、ある者は「家族につらい生活をおくらせたくないため」と言う。これらの「目的」はただ掲げるだけでは意味がない。

そこで「セルフカウンセリング」を取り込むことにした。「なぜこの目的を掲げているのか」「この目的は本当に自分が求めていることなのか」「昨日の自分は目的にあった行動ができていたのか」「目的に合った行動をするには今日一日をどんな思いで、どんな行動をすればよいのか」「その行動は目的からそれてはいないか」といったことを自分自身に問いかけ、目的の確認をし、実際の行動にまで落とし込むのだ。

この際の注意点としては、掲げる「目的」は人と比べるものではないということだ。

日々生活をしていると、しんどいことも、ありがたくないこともたくさんある。**心が折れそうになった時に帰る場所、それが自分で掲げた「目的」**だ。

「目的」が決まれば次は「理想の自分」をイメージする。簡単に言うと、「理想の自分」とは「なりたい自分」だ。目的を全うすることによって、自分はどのようになりたいのかを頭の中でイメージできるくらいまで自分自身に問いかけ、考える。

そして、ここからが一番大切なことだ。「目的」も「理想の自分」も掲げるだけでは意味がない。これらは「動機」だ。動機づけできれば後は「行動」あるのみだ。

具体的には「目的に合った行動をするためには、今日一日をどんな思いでどんな行動をすればよいのか」といったことを書き出す。

私はA4サイズの紙を8等分して、いつも次のことを書き出していた。複雑にすると長続きしないので、あくまでシンプルなものがいい。

1—何のために仕事をしているのか（目的）
2—誰のために仕事をしているのか（目的）
3—目的に合った行動をし続けると、自分は将来どうなっているのか（理想の自分）
4—理想の自分になるために昨日やったことは何か（行動）
5—4をやった結果、どうであったか（振り返り）
6—振り返りの結果、今日やることは何か（行動）
7—それをやることによって明日の自分はどうなっているか（イメージ）
8—そのイメージは自分が理想として掲げている姿か（確認）

理想の自分に近づくための仕組だ。毎日が完璧なことはない、うまくいかない時だってもちろんある。そんな時は行動を振り返り、改善するところがあれば改善し、継続すべき行動は継続し、毎日「理想の自分」へ近づいているかということを確認する。近づけば近づくほどワクワクするものだ。**自分自身が掲げた「理想」へと近づい**

ているることを実感する時ほど活力がわくことはない。

毎日、「目的」を確認し、「理想の自分」へと近づいていることを実感した部下たちは、とにかく行動するようになった。結果として、落ちこぼれ集団であったにも関わらず、２年間で一人頭の粗利益が２・４倍になり、事業部としても売上が１６０％アップになった。動機づけをしっかりとして行動を続ければ、その先にあるのは「明るい未来」でしかない。

「目的」なき行動は困難なことにぶつかった時に迷いが生じる。「理想の自分」なき行動は行き詰った時に心が折れそうになる。

「目的」と「理想の自分」と是非掲げてもらいたい。そして、毎日のセルフカウンセリングで磨いていってもらいたい。

心は曲がっても良い、でも折れてはいけない。そのために必要なのがこの２つだ。

行動を変えるPOINT

明確になった目的と理想が心の砦となる

2

未来は「今」の努力が作っている

過去の手痛い失敗がトラウマとなり、自分の行動に制限をかけていることはないだろうか？　逆に、うまくいったことに気を良くして、うかれて失敗してしまったことはないだろうか？

今でも覚えていることがある。その日は珍しく容儀点検に1発合格した日曜日の夜だった。常日頃「ダメっ子」と言われていた私からすると、こんなうれしいことはなく、部屋の中でも舞い上がっていた。完璧に調子にのっていた。すると、当時の部屋長、通称「ドラゴン部屋長」にひどく怒られた。

このドラゴン部屋長は厳しかったが、その100倍の優しさを持っている方だった。

前期から中期に変わるころ、私は「ダメっ子」すぎて、他の部屋長たちが「ハマガタと同じ部屋は嫌だ」と言い続ける中、私を迎え入れてくれた部屋長が「ドラゴン」だった。

防衛大にも一般大学同様に「留年」がある。ちなみに2回留年すると強制的に退校処分となる。ドラゴン部屋長は留年生だった。1学年を2回していた。苦しい1学年を2回するということは精神的に本当にしんどいことだ。留年した学生のことを防衛大では「ドラゴン」と呼ぶ。留年の「留」と「龍」をかけているらしかった。このドラゴン部屋長からは本当に多くのことを教えてもらった。1学年を2回している分、1学年時のしんどさを本当に理解してくれた。

私が、容儀点検で合格をした時は、自分のことのように喜んでくれた。いつも「今日はどうだった」と気にもかけてくれた。ただ、怒る時は本当に怖かった。

「今日、合格したのはお前が昨日頑張った結果だ。ただ、こんなことで舞い上がっているようでは明日は良い結果は生まれない。デキっ子は合格した瞬間に、明日の日夕点呼で着る作業服の準備をする」

その時は、せっかく合格したのに、なぜこんなことを言われなければならないのかと正直思った。また、自分はダメっ子だから、これくらいは喜んでもいいじゃないかという甘い気持ちもあった。

しかし、経験者が言うことは大概当たるものだ。翌日の日夕点呼時に、服装が汚いという理由で見事に容儀再点検となった。もし、ドラゴン部屋長の言ったことを真摯に受け止めて、いつも通りに完全になるまで準備をしておけば、このようなことにはならなかった。

今日が良くても、明日が何事もなく過ごせるなどという確証はない。今日の結果は昨日までの努力の結果だ。そして、明日の結果は今の努力で作られるということを、ドラゴン部屋長からは教わった。

それからは、良い結果が生まれた時は、それはそれで喜んだが、すぐに明日の準備を全力でするようになった。

毎日、やり続けるとおもしろいものでこの感覚が当たり前になった。

明日を生き抜くために今日を全力で生きる。

もちろん、全力でやってもうまくいかないことは多々あった。全力でやったからといって全てがうまくいくほど、防衛大での生活は甘くない。とはいえ、**全力でやらな**

ければ待っているのは後悔と暗い未来だ。

「今の結果は過去の努力だ」というこの教えは、一般企業に入社してからも本当に役立った。営業職だったこともあったが、契約が取れても決して慢心することはなかった。すぐに次の見込み案件を作る努力をした。努力が実を結ぶかどうかはわからないが、行動すれば何かしらの学びはある。やってみてうまくいかなかったことは、次からやらなければいい。うまくいったことは極端なまでにやればいい。

特に上司からアドバイスされたことなどは愚直にやり続けた。経験が豊富な人の意見はあながち間違ってはいない。とはいえ、最初は本当に結果がでなかった。自分のやり方が間違っているのかと不安になる時もあった。そんな時は結果を出している人に教えをこいた。そこは年上だろうが年下だろうが関係ない。今、最善の努力をして、明日良い結果がでればそんな小さなことはどうでもいい。

今の結果に満足せず、考えて行動するということは、ちょっとした意識で誰でもできる。行動した結果、１００％のアウトプットを出せるかどうか、それは人それぞれだ。ただ、行動さえすれば100%には近づいていくことは断言できる。

気持ちを結果に引きずられてはならない。今日の結果は「過去」の努力で作っている、明日の結果は「今日」の努力で作っている。競争激しい昨今において、考えて行動することを放棄した人間は生き残っていくことはできない。今を全力で生きる。これが、最高のアウトプットを出すための最短の近道だ。

ドラゴン部屋長には今でも感謝している。風の噂で聞いたが、私が書籍を出版したことを喜んでいるらしい。

今を全力で生き抜いた結果だと思う。そして、そのきっかけを作ってくれたのがドラゴン部屋長だ。今度、お会いする機会があればちょっとは成長した姿を見せることができるだろう。

行動を変えるPOINT

行動する前に明日の自分を思う

3 達成感の積み重ねが心も結果も変える

防衛大に入校し、最初の1カ月間で感じたことは「己の無力さ」だった。

つい最近までぬくぬくと高校生活を送っていたこともあり、防衛大で求められることは何一つできなかった。

アイロンがけを完璧にしろと言われるものの、人生においてアイロンをかけたことがない。当然うまくできない。シワ一つないベッドを取れと言われても、これまでベッドを取ったことがない。もちろん出来上がるのはシワだらけのベッドだ。時間を守れと言われても、これまでの人生でそこまで時間を意識したことがなかったこともあり、時間すら守れない。最初の1カ月はこの時間厳守が徹底できずに大変だった。

全てにおいて、やるべきことがまともにできない。

1学年時はカルチャーショックとプレッシャーからくるストレスの連続だった。一番厄介だったことは、分単位の過密なタイムスケジュールだ。1学年の気力も体力も奪う。1学年時はこのタイムスケジュールを全うするための時間を作るために、常に走っていた記憶しかない。歩いている時間すらもったいなかった。

自分では全力で頑張っているつもりでも、上級生から見るとさほどではないと思われ、ロックオンされた時には本当に心が折れそうになった。いかんせん、「時間を奪え」を合言葉に不特定多数の上級生から朝から晩まで指導されるのだ。当然、タイムスケジュール通りに生活を送ることはできない。そうなると、また指導される。完全に負のスパイラルに陥る。

こんな厳しい生活において、なぜ乗り越えることができたのかと今思い返してみると、1学年は共通して2つのことを行っていた。

まず一つ目は、小さな「やった」を積み重ねることだ。

例えば、作業服のズボンのプレスで指導を受けたとする。そうすれば、次は指導されないように作業服のズボンを徹底的にプレスする。それによってタイムスケジュール通りに事が進まなかったとしても、とにかくまずは指導されことを徹底的に改善する。上級生から、「ズボン」のプレスがうまくなったと言われた時は本当にうれしかった。心の中で「やった」と思ったもんだ。

この「やった」の数を増やしていった。最初は「やった」が**どんなに小さなことでもいい。「やった」の数が増え続けると、それは自分の中での自信とノウハウに変わる。**人間、誰もが最初からうまくやれるかというとそうではない。最初からすべてがうまくいくことなんてない。思考錯誤し、トライアンドエラーを繰り返し小さな「やった」を積み上げていく。防衛大の1学年は、とにかくこの「やった」を積み上げていくことで生活力を上げていく。生活力が上がっていくと、もちろん上級生からの指導も減るという最高の結果が待っている。

続いてだが、「やった」の達成感を得るために大切なことは、**やりかけたことはどんな結果になろうが「やりきる」**ということだ。これは本当に大切なことだ。

結果は水物だが、行動に関していえば、大概のことは誰でもやれる。例えば、先述したプレスだが、アイロンをかけることなど誰でもできる。上級生から求められるレベルまで達するかどうか、それは上級生次第だからわからない。「これくらいでいいや」なんてことを考えずに、まずは愚直なまでにやりきる。これは本当に大切なことだ。入校当初は、時間に追われ、どこか中途半端に容儀点検の準備をしている感が確かにあった。そんな時に待っていたのは厳しい指導だ。最悪、ロックオンになる。結果なんてどうなるかわからないが、「やりきる」習慣を身に着けてからは、少なからず良い結果が出てきたし、この考え方は一般企業に入社しても多いに役立った。

営業電話をかける時に、多くの営業マンはアポイントが取れなくなると途中で電話を止めていた。ただ、アポイントなどお客様あってのことだ。電話をかけることは誰でもできる。自分で決めた電話件数を確実にやりきっていくことにより「やった」の数が増えていった。大型案件の受注も増え始めた。「コツ」を聞かれてもそんなことは一つしかない。ただ、「やった」の数を増やすために一つ一つの行動を繰り返しやりきっていっただけだ。営業成績もみるみる伸びていった。

小さなことでも愚直に行い、小さなことでもやりきっていくことで、時として大きな結果を得ることができる。少なくとも今の結果よりはよくなる。途中で心が折れるようなこともあるかもしれない。現にやりきることは体力もいるし、気力もいる。一時的に逃げれば、その時はいい気分になるかもしれないが、結果は変わらないどころかもっと悪い結果が出るかもしれない。

本章のテーマは「行動を変える」だ。

少なからず、今の結果を変えたいと思っている方が読んでいるかと思う。大きな結果を生み出すためには、「やった」の数を増やして、まずは自信をつける。そして、「やった」の数を増やすには途中で投げ出さずに、どんな小さなことでもやりきっていくことが大切だ。その先にあるのはあなたが求めている結果だ。

行動を変えるPOINT

小さなやりきる習慣が折れそうな時に心を支える

4 人と比べる前に成長度を見る

人間は誰しもが人と比べてしまう生き物だ。うらやましい、妬ましいといったことが代表的な感情か。競争社会の中で生きているからこそ、より一層このような感情を持つことになる。

防衛大でもそうだった。デキっ子、ダメっ子なんて言葉が生まれるくらいだ。

私自身も、特に1学年時は同期と自分を比べた。ただ、どこか感じていた。人と比べても一時的な感情しか得られない。周囲と比べてちょっと良ければ素直にうれしいが、決して、その感情が長続きすることはなかった。

理由は明白だ。**比較はキリがない**からだ。Aさんと比べて良かったとしても、200名もの学生がいれば上には上がいる。そこと比べるとダメだなんてことで一喜一憂することが多々あった。一喜一憂ほどむなしいことはない。

人と比べて優劣を続ける習慣を身に着けてしまうと、その習慣に振り回されて個性が死んでしまう。


防衛大の上級生にKさんという人がいた。とにかく破天荒な人だった。人の評価を全く気にしない。豪傑《ごうけつ》じみていた。やることもぶっ飛んでいた。だが、どこか魅力のある人で、私以外の1学年もKさんのことが好きだった。頻繁《ひんぱん》に食事にも連れていってもらった。他の上級生と比べてもどこか異質で、一度聞いてみた。

「Kさんが防衛大生活で意識していることはあるのですか？」

するとKさんはこう答えた。

「**相対的な結果は気にしない。絶対的な結果を求める**」

なんだかよくわからず、私がボケっとしているとKさんが詳しく解説してくれた。

防衛大には毎年1回体力検定なるものがある。ノルマに達成しないと「級外」と呼ばれ、補習訓練があった。

Kさんは1学年時に1500メートルがノルマに達せず級外になったという。当時のKさんからは想像できなかった。それもそのはずだ。Kさんは全てにおいて最高得点を記録して、防衛大でも表彰されているくらいすごい人だったからだ。

そんなKさんが、補習訓練に引っかかったという。1学年当時、Kさんはこの補習訓練をどこか恥ずかしいと思っていた。それも、他の同期と比べて明らかに1500メートル走のタイムも悪く、補習訓練はするものの、劣等感からどこか本気で取り組むことができなかったらしい。そして、補習訓練後の体力再検定でKさんはまた級外になったという。Kさんと一緒に級外になった学生は全員ノルマを達成して、補習訓練から解放されたがKさんはただ一人だけまた補習訓練になった。いろいろと考えた結果、周囲と比べて自分のタイムが「どーだ、あーだ」とそんなことばかり気にしていて、本腰いれて訓練に取り組んでいなかったことが原因と気づき、それから周囲のことは気にしないようにしてとにかく自分のタイムを伸ばすことだけに集中したという。

サクッとそのような話をされた。

「それでも気になる時もありませんでしたか」と私が聞くと、Kさんは「**クリアした人の何十倍、何百倍もの練習をしている自分がいたから、これでだめならしょうがない**」と思うようにして、訓練に取り組んだという。

それまでの私は周囲と比べて一喜一憂していたこともあり、このKさんとの話は妙に心を打たれた。**何十倍、何百倍もの練習をして、ノルマという絶対的な数字をクリアする。人と比べるのではなく、自分自身の絶対的な結果を求める**Kさんが本当にかっこいいと思った。

急にはできなかったが、私もその後、意識するようにした。

それまでは自分だけ落ちたらどうしようと考えていた容儀点検も、他人のことは気にせず、ただ合格するという結果にとことんこだわってみた。周囲のことを気にしなくなって、初めて合格した容儀点検はそれまでの合格とは違い心の底から喜ぶことができた。その日の夜はぐっすり眠れた記憶が未だにある。

営業マンになった時も、周囲と比較する気持ちを「グッ」とこらえ、自分の売上を上げることのみを考え、行動して、初めてトップセールスを取った時は本当にうれしかった。一喜一憂ではない。心の底からうれしかった。

職業柄、多くのビジネスマンに出会う機会が多い。多くの人が「他人と自分を比較」している。それはそれでモチベーションが上がるといえばいいのだが、基本的に他人は自分とは違う。自分の個性は何なのかと考え、その個性を伸ばし、絶対的な結果を出すことに注力したほうがいい。自分の特性を生かすことを考えるようになれば、劣等感や優越感など小さなことに思えてくる。２０００名もの人と24時間もの長い１日において、比べて比べまくった私が言うのだから間違いない。

生産性が上がることは間違いない。

考え、行動する過程はとても大切だ。**人と比べず絶対的な結果を求めている時ほど**

生産性が上がった先に待っているのは強烈な個性と自信という名の心のゆとりと達成感だ。

行動を変えるPOINT

周囲との比較をやめるとゆとりが生まれる

第4章

「休み方」を変える

心が疲れて暗い気持ちになってしまった時にできること

1
「心の筋肉」を太くした毎朝の乾布摩擦

防衛大の1日は日朝点呼から始まる。私が在籍していたころは毎朝06：30に起床ラッパが鳴り、5分以内に全学生が学生舎の前の広場に集まる。それも全力疾走で服装は上半身裸だ。女子は真っ白なTシャツを着ている。日朝点呼では春夏秋冬関係なく号令をかけながら乾布摩擦を行う。春夏はまだいいが冬は寒くてたまらない。

毎朝、日朝点呼があるわけだが、1学年時はこの日朝点呼が苦痛でたまらなかった。06：30起床だったが、ぎりぎりまで寝ている1学年などほぼいない。不安や憂鬱な気持ちで大概は目が覚める。私は30分前の06：00にはいつも起床していた。

ただ、起床したといってもベッドから起き上がり準備などしてはいけない。ただ、ひたすらとラッパが鳴るのをベッドの上で待つわけだ。身動きをとり、ベッドを揺らそうものなら部屋の上級生から「動くな」と注意をされる。

何もないこの30分間で、今日一日のことを考えると苦痛になる。特に月曜日の日朝点呼は嫌だった。いかんせん、週の始まりのわけだ。これから金曜日までのことを考えると、本当に心が暗くなる。私以外にも「ラッパの音を聞くと動悸《どうき》が走る」なんて言っている1学年もいた。

この1日の始まりを明るく迎えたいと思ってもどうも体が反応しない。一時的には「明るい気持ちで頑張ろう」なんて思うが、10分もすればその気持ちはもう薄まる。要は嫌で嫌でしょうがないわけだ。「サザエさん症候群」ではないが、日曜日の19：00を過ぎたあたりからブルーな気持ちになり、せっかくの休日というのに心が休まるどころか心が暗い気持ちになり、ロクに休むこともできない。

このやるせなく暗い気持ちを共有するではないが、よく同期とお互いの精神状況について話していた。

ある日曜日のことだが、あまりにつらすぎて食事中に同期の1人が泣き始めた。「もういやだ、辞めたい」の一点張りで、励まそうにも私たちも疲れているので的確な励まし方がわからない。確か「我慢して耐えるしかない」といったことを私は話したような気がする。みなが暗い思いを吐露している中、同期の一名が突然、どうやったら明るい気持ちになれるかを考えようと言い出した。

そこで出た意見の中に「月曜日の日朝点呼時の号令をありえないくらい大きな声でしてみよう」というものがあった。それも何も考えずに、ただただ大きな声でやってみようということだった。


当初はそんなことをやってみても、何一つ変わらないだろうと思っていたが、何もせずに現状が変わるわけではないので、まずは大きな声でやってみることにした。

翌日の日朝点呼でありえないくらい大きな声で号令を言ってみた。

「前へ進めっ」「整列休めっ」「縦隊右へ進めっ」

バカみたいに大きな声で言ってみたところ、その光景がおもしろかったのか目の前で乾布摩擦をしていた上級生が小さく微笑んだ。常日頃、鬼のごとく怖かった上級生がほほ笑んだ。それまでは嫌で嫌でたまらなかった日朝点呼だが、ちょっとだけ和んだような気がした。嫌は変わりないが、前ほど嫌ではなくなった。

これはいいと思い、毎日毎日、日朝点呼中は何も考えずに大声で号令は言い続け、さらには朝も目覚めと同時に、今日はどんな号令をかけてやろうかとちょっと前向きに一日の始まりを考えられるようになった。

私以外の同期も、みんなありえないくらい大声で号令を発していたのもよかった。みんなでやれば怖くないではないが、みんなでやるととても心地良かった。それまでは暗い話ばかりをしていたが、休日の話題も若干ではあるが明るくなったような気がした。

ここで大切なことは、**心が疲れて、暗い気持ちになった時にバカなことの一つや二つやってみたら、それで気持ちが楽になるかもしれない**ということだ。複数名でやればやるほど良いかもしれない。共有できるし、協力体制を作ることができる。

それからの防衛大生活においても、嫌なことがあれば規律の範囲で「何をやれば楽しいか」ということを考え日々生活するようになった。例えばだが、それまでは朝の食堂に行く時はただただ駆け足で行っていたが、ただの駆け足ではなく同期と「よーい、ドン」で競争してみたこともあった。エンターテイメント性を持たせると食堂までの時間が楽しくなり、その瞬間は楽しくなるし、気持ちが楽になった。

社会人になってからも、入社当初は本当に売上が上がらず、さすがにやばいと思った時期も多々あった。他の同期入社が次々と売上を上げていく中、私の売上は全く上がらない。上がらないと気持ちは焦る。防衛大時代同様に日曜日の夕方頃からどうも憂鬱になる。憂鬱になると、あれやこれやと考え始めて、気持ちだけが焦る。ただ、1つ言えることは焦ってもさほど良い成果は出ない。

心のインフラをまずは整えようとある金曜日の夜に「休日は何をすれば楽しいか」と考えてみた。それまでの休日はビジネス書を読んだり、翌週の見込み作りのための時間にあてたりしていたが、それらは一旦おいて「何をすれば楽しいのか」ということを考えてみた。

当時は入社したばかりでお金もない、さらには東京という街もよくわからない。そこでひたすら何も考えずに筋トレをしてみようと思った。それも音楽をガンガン流しながらの筋トレだ。お金もかからないし、何よりも運動とは健全だ。

土曜日の朝に腕が上がらなくなるほど筋トレをしてみたところ、とても爽快な気持ちになった。自分が楽しいと思ったことをやってみると心は晴れるものだ。
それからというもの、土曜の朝は何も考えずに筋トレをただただ行い、昼からは仕事をすることにしたところ、昼からの仕事への取組みがとても前向きになっていた。

つらくなったり、苦しくなるとついつい自分に鞭《むち》を打ち、頑張らなければならないと気持ちが焦るがそんな時こそ、一度気持ちをリセットするような遊びを入れるのもいいのではないだろうか。**焦れば焦るほど心の筋肉は擦り切れていく**。多少の遊びを入れると、多少の余裕も出るのではないか。ただ、遊びに力を入れすぎるとそれはそれでメリハリがなくなる。
気持ちを前向きにするための遊びは必要だ。

休み方を変えるPOINT

うまくいかない時ほど、楽しい時間をつくる

2

「一人でやろう」を捨てる

初めて管理職になった時、とにかく自分で頑張ろうとした。6年目に管理職になったわけだが、その前年まで4年連続でトップセールスだったこともあり、部下が売上を上げなくても自分が上げればいいと考えてとにかく働いた。多少の自尊心もあったのかもしれない。ただ、結果が出ない。土日祝日関係なく働いたが、面白いもので自分ひとりの力などたかが知れている。徐々に心がすれていき、不眠症になった。

そして、なぜ自分ひとりだけがこんなに頑張っているのかと、部下たちに対しての不満が募っていった。部下たちに対して、「力を貸してほしい」という一言が言えずに自分ひとりでやってみる。でも、チームとしての成果が出ない。心が本当に折れそうになっていた。

そんな時に思い出したのが、防衛大1学年時の生活だった。防衛大ではとにかく「連帯責任」が求められた。例えばだが、上級生から言われていた集合時間に遅れれば、それは遅れた者だけの責任ではなく、同期である1学年全員の責任となる。そして、より一層の指導を受けるのも遅れた当該者ではなく、周囲の学生だ。1人だけ良ければ良いという考えは、徹底して排除される。将来幹部自衛官になった時に、自分だけ助かればよいなどという思考では、人命救助などできやしない。

私自身にも苦い経験がある。

完全全寮制の防衛大では、学生間での盗難防止が徹底されている。貴重品の管理は1人ひとりが与えられた机で行われる。学年関係なく、全学生が机に鍵をかけることを徹底される。ただ、中には鍵をかけ忘れる学生がいる。防衛大ではこの鍵のかけ忘れを「鍵付き事故」と呼んだ。事故と呼ばれるくらいなので、鍵をかけ忘れようものなら1週間ほどは上級生からの厳しい指導が続く。

かくいう私も入校早々にこの「鍵付き事故」を起こす。私の時は悲惨だった。まさに冒頭の連帯責任ではないが、鍵付き事故を起こした私ではなく、まさかの同部屋の同期たちが指導の対象になった。具体的には、私を含めた同期4名が上級生の元に呼ばれ、そこで腕立て伏せをやらされた。ただし、実際に腕立て伏せをやっているのは私以外の3名だ。私はその同期たちの前に立ち、ひたすら腕立て伏せの回数を叫び続けていた。

その夜、防衛大に入校し、初めて泣いた。罪悪感とふがいなさで涙は止まらない。同期たちに謝罪をしても同期たちは一切私を責めなかった。より一層、申し訳ない気持ちでいっぱいになった。

そもそも、この鍵付き事故を起こす前に同期の1人が部屋を出る時は全員で鍵をかけたかどうかを確認し合おうと言っていた。私は鍵をかけるくらい忘れないだろうと、それは必要ないと安易な気持ちで言っていた。同期の意見を素直に聞いていればこのような結果にはならなかった。ただでさえ、入校当初は余裕がない。鍵の確認など1人でできるだろうと甘く見ていて最悪な結果になった。

他にもあった。ベッドメイキングだ。ベッドメイキングは基本的に1人ではできない。二人ペアとなり、ベッドの両脇からシーツや毛布を引っ張り、シワ一つなくなるくらいにピンピンに張る。私は同部屋の同期の時間を使うのも何だか申し訳ないと思い、ある日、1人でベッドメイキングをしたのだが最悪の結果になった。明らかに私のベッドだけが汚く、同期のベッドはきれいだったのだが、全学生のベッドが解体された。結果として、二段ベッドを組み立てる時間や指導される時間などでより一層同期たちの時間を使うことになった。

「一人でやろう」「一人で頑張ろう」なんて考えても良い結果は生まれないと身をもって感じた。それからは、同部屋全員で力を合わせて生活をするようになった。先の鍵も部屋を出る最後の同期が、全学生の机に鍵がかかっているかどうかを確認するようにした。ベッドメイキングも、時間を決めて二名体制で行うことにした。

入校したての頃は本当に心が曲がりそうになることが多かったが、同期たちの力を借りて、それらを乗り越えていった。曲がりそうになった時に同部屋の同期に悩みを話して、共に解決していった経験も多々ある。

今思うと、これらの環境は本当に良かった。

防衛大では、最高のアウトプットを出すためには、同期の力を借りることが一番だった。そもそも防衛大1学年時に1人の力なんてたかが知れていると感じていた。1人で頑張ったとしても、周囲が最高のアウトプットを出していなければそれは自分の責任でもある。

その経験を思い出した時に、今自分が行っているのは最も心が疲れるやり方をしているのではと真剣に考え、部下たちに「力を貸してもらいたい」と心の底から思いを伝えた。それまで自分ひとりでやっていた業務を部下たちに任せるようにした。最初はうまくいかずに時間も取られたが、徐々に部下たちも成果を出すようになった。そして、管理職になり2年もたった頃には売上も上がり、極端な話、自分が頑張らなくてもチームとしての成果が出るようになった。

成果が出るとすさんだ心も落ち着いてくる。公私ともに安定し、夜もぐっすり眠れるようになった。

ここで大切なことは**心が折れそうになった時は人の力を借りてみる**ということだ。自分ひとりで頑張っても、そこそこの成果は出るかもしれないが最高のアウトプットは出ない。50キロの荷物であれば一人でも持てるかもしれないが、どんな力持ちで500キロの荷物は一人では持てない。なぜ500キロは持てないのかと真剣に考えても、持つ力がないから何の解決にもならない。人の力を借りる、自分ひとりで持とうとしない。それが解決方法だ。

ただ、周囲に依存するだけではダメだ。あくまで自分で頑張って頑張って、それでもしんどい時に限る。

心が折れそうになった時は、人の力を借りればいい。そして、力を貸してくれた人には心の底から感謝すればいい。そうすると気持ちも落ち着くし、気力体力も充実する。

休み方を変えるPOINT

つらすぎる時は、人の手を借りて気力と体力の充電をする

3 時として体も心も全力で休ませる

「一寸先は闇」なんて言葉があるが、防衛大での生活はまさにそれだった。

ある上級生からは注意されなかった服装だが、3歩先を歩けば他の上級生から指導されることなどザラにあった。指導されるかもしれないという不安や心配から心に余裕をなくし、自主退学していった学生は数多い。

私自身も常に不安や心配を抱えていた。

不安や心配は心が折れる一番の原因だ。

プレスを完璧にしたつもりでも、もしかしたら指導されるかもしれない。靴は完璧に磨いたが、これまた指導されるかもしれない。ベッドを完璧にメイキングしているが、部屋にもどったらベッドが解体されているかもしれない。不思議なもので一旦考えてしまうと、ずっと考えてしまう。何を隠そう元来不安症の人間だ。

不安と心配を抱え続けると、どんな人も心が壊れる。不安と心配は人から気力と体力を奪う。

防衛大時代の上級生の1人にとにかく優しい先輩がいた。私を含めた一部の1学年はこの上級生のことを「仏」と呼んでいた。ありとあらゆるハラスメントが飛び交う防衛大で、この先輩はとにかくいつもニコニコしていた。私もこの「仏」の先輩になついていた。

聞けば、1学年時は「ダメっ子」だったという。話を聞く限りでは私以上のダメっ子だった。容儀点検時にはメモ帳、ハンカチ、鍵付きと携行しなければならないものが多々あるのだが、それを全て忘れて上級生から毎日指導された。ベッドを1カ月もの間、解体され続けた。などなど、時代背景もあるのだろうが、話を聞く限りでは本当にひどかったことがうかがえる。逆によくも乗り越えたと驚かれるくらいの生活を送っていたらしい。

そんな「仏」にいいことを教えてもらった。

「1学年時にそれだけ指導されていて心は疲れなかったのですか」と質問したところ、

「疲れる時はあった。でもそんな時は、何も考えずに爆睡する」と言う。

「校友会」活動時間にいつも以上の負荷をかけて夜は爆睡すると言う。さらに、

「指導されるといっても命まで取られることはない。だから、爆睡して一旦心も体もリセットする」


確かにそうだ。上級生の指導が厳しいといっても、命までは取られることはない。私は不安症の性格が災いしてか、ネガティブなことを常に考えていた。毎日の生活で体も心も疲れていて、余計ネガティブに考えてしまっていたのだろう。

バカの一つ覚えではないが、この「爆睡する」というアドバイスを実践してみた。「仏」の先輩同様にちょっとでも不安や心配になった時は、校友会活動時間にいつも以上の高負荷をかけてみた。すると夜になると眠くなる。自然と寝つきもよくなる。不思議なもので朝起きるとすっきりしている。すっきりしているので朝の清掃時の動きもよくなり、上級生から指導されない日もあった。

それまでは不安や心配があると、考え込みなかなか寝付けなかった。**人間は生き物だ。睡眠時間が少ないと体のキレも悪くなるし、何よりも頭が働かなくなる。となると、また負のスパイラルにはまっていく。思い切って休むことも必要だ**と「仏」の先輩から教えてもらった。

とはいえ、寝つきの悪い日もある。そんな時は、「大丈夫、大丈夫」と自分に言い聞かせ寝るようにした。そもそも、まだ起きていないことに対して不安や心配を感じてもしょうがない。全ては「たらればば」の世界だ。

これは営業マン時代にも大いに役立った。不安や心配を感じた時は、全ての自分のタスクの納期を短くして、期限を決めていつも以上のハードワークにした。例えば、来週の水曜日を納期としていた仕事は来週まで持ち込むのではなく、今週の金曜日までに終わらせる。納期が短くなるので一瞬ハードワークになるが、その分、土日のどちらかは何も考えずに「爆睡」できる。タスクがうまくいっているかどうかはわからないが「爆睡」した。うまくいったかどうかなんて周囲が決めることだ。自分ではよくわからない。

爆睡すると気力と体力が充実する。ここでポイントとなるのがやるべきことをせずに爆睡すると後で後悔することになるので、まずはやるべきことを今持っている自分の力でやり切るということだ。やり切った先のことはどうなるかはわからない。

全力でやった結果、ダメであればそれはしょうがない。

ただ、全力で取り組むための環境は整えなければならない。ここでいう環境とは自分の気力であり体力だ。**気力体力が充実していればアウトプットの質も高まる。**よく徹夜で仕事をしましたなんて人がいるが、あれはあまりお勧めしない。仕事の質はさほど高まっていないだろう。

不安や心配を感じた時は一度、思い切って爆睡してみてはどうだろう。

少々仕事がうまくいかなかったとしても命まで取られることはない。

爆睡して心身を休めることも、アウトプットの質を高めるためには大切な仕事だ。

休み方を変えるPOINT

結果を心配するよりも、思い切って爆睡をする

4 「他者評価」をうまく使い気力を充実させる

個人的には寮生活は好きだった。

まず、同期と24時間衣食住を行うので、わかり合える友達を作ることができる。全員が厳しい規律の下という同じ環境にいたのも良かったかもしれない。

次に様々な人がいるので、目指すべき人、反面教師にする人と、人間の在り方を学ぶことができた。これは、一般企業に入社してから多いに役立った。どこかで人の良いところ、悪いところを感じる能力が身に着いていたのかもしれない。

そんな中、一番良かったことは、自分ではダメだと思っている点が実は「他者」からすれば素晴らしい、うらやましがられている点であるということがわかったことだ。

他者から褒められるとそれは自信につながる。自信は気力、体力を充実させる。

例えば、自室での仕事も1学年からすれば大切な仕事だ。毎日のポットのお湯替え、掃き掃除や拭き掃除といったことが、それにあたる。私が在籍していたころは、上級生へのマッサージもあった。夜な夜な、整体師のごとく上級生のマッサージをする。それも上級生が眠りにつくまでだ。夜中の2時、3時まで続くことなどザラにあった。翌日はとにかく眠い。

要領の良かった学生は部屋での仕事も手際良い。私はといえば、常に余裕をなくし、部屋でもアタフタとしており、同部屋の上級生から「もっと落ち着け」と言われたことが何度もある。部屋員全員が毎朝コーヒーを飲む習慣があったこともあり、毎朝のポットのお湯替えは必須だったが、いつも上級生が飲む時間までにポットの準備が間に合わず、迷惑をかけたものだ。

さらには気配りができない。上級生のベッドをメイキングしたり、上級生の作業服をプレスしたりと気を利かせている他の部屋の1学年が多い中、私はそれができない。やろうとしてもなぜか自分のことで精一杯になりできないのだ。一言で表すと当時の私は常に「キャパって」いた。

他の1学年の話を聞くと、みなそれら部屋での仕事を完璧にこなしている。

「俺はなぜできないんだ」「何やってもダメだな」と思うことも正直何度もあった。

ある日、他の部屋の4学年が消灯後にドラゴン部屋長のところに来た。何か相談があったのだろう。その相談内容はよく聞こえず、覚えていない。話の途中でその4学年は同部屋の1学年の自慢をし始めた。

「とにかく気が利く」「仕事ができる」「おもしろいやつ」といった具合だ。そして、私とその部屋っ子を比べ始めた。というよりは、「濱潟が部屋っ子だと苦労するだろ」といった内容だった。それもそうだ。その1学年と比べて、当時の私は全く部屋の仕事ができていない。

私はわざと寝たフリをしていたが、そんな4学年にドラゴン部屋長が言った。

「濱潟はたしかに仕事はできないけど、こちらからの要望にイヤな顔一つしないからそれが心地良い。仕事なんて時間が経てば誰でもできる」

すると、その4学年が「心地よさは考えてなかったな。濱潟いいなぁ」と言う。

このやり取りを聞いて、正直私はびっくりした。部屋の仕事は全くできていないし、むしろいつも同部屋の上級生たちには迷惑をかけて申し訳ない気持ちでいっぱいだった。それが、「一緒にいて心地良い」と言う。自分では見えないが他人からはそのように思われているのかとちょっとうれしくもなった。

確かに、1学年はいつも時間に追われている。部屋の中では多少ゆっくりしたい。中には部屋の上級生から依頼されたことに「今ちょっと忙しいので……」といったことを言う1学年もいると聞いたことがある。私は、それが全くなかった。元来素直な性格なのか、依頼されたら「わかりました」と大きな声ですぐに依頼事を行っていた。そんな姿をドラゴン部屋長は見てくれていたのだと思う。

自分の良いところなんてわからないし、わからなくなることも多々あるが、人から言われた良いところはとことんまで伸ばそうと思った。

それからというもの、依頼されたらこれまで以上に元気よく、笑顔でこたえるようになると、同部屋の上級生だけでなく、違う部屋の上級生たちからもかわいがられるようになった。便利なヤツだと思われたのかもしれない。かわいがられて嫌なことはない。気力が本当に充実した。

この**「他者」からの評価というのは本当に大切だ。他人というのは、思っている以上に人を見ている**ものだ。その逆もしかりだ。自分では良いと思っていたところが、実は他人からすると嫌なところだったなんてことも往々にしてある。

管理職になった時、この「他者評価」をうまく使ってみた。当時はチーム全体が暗い雰囲気だった。

そして、全員に共通していることが、自分の「良いところ」、詰まるところ長所がわかっていない。「短所はどこ?」と聞くと短所はたくさん出てくるが、長所を聞いても答えることができない。なんとなく自分の長所はここかなといったことはみな心の中では思っているが、自信がないのか声に出せない。

そこで、メンバー全員を集めて、一人ひとりの長所を第三者に発見してもらおうということをしてみた。私自身が防衛大でドラゴン部屋長から自分の長所を発見してもらい、その後の部屋での生活が変わった経験があった話もした。

すると面白いものだ。自分の長所はよくわかっていないが他人の長所はよくわかる。

「明るい」「不器用だけどまじめ」「笑顔がいい」なんて様々な長所が出た。

自分ではわからないが他人から言われた良いところは本物だ。全員でこの長所を伸ばしていこうという話をしたところ、翌日からメンバーの顔つきも変わった。心なしか自信を持って営業活動をしているように見えた。結果として暗かった雰囲気も一気に明るくなった。

自分で自分のことがよくわからない。自分は自信がない人間です。なんてことをずっと抱えていたままだと気持ちも落ち着かないし、心も安らがない。

そんな時は他者からの評価を聞いてみることをお勧めする。自分では思ってもみなかったところを褒められるなんてザラにある。それが、あなたの自信へとつながっていく。

休み方を変えるPOINT

身近な人に改善点ではなくいいところを聞く

5 リスタートできるパワースポットを決める

防衛大と一般大学の違いの一つにその教育課程がある。防衛大では一般大学の教育課程にプラスして訓練課程がある。1学年時は「共通訓練」と呼ばれ、陸海空と全ての自衛隊の訓練の触りを体感する。そして、2学年時に進級する際に陸海空の各自衛隊に振り分けられる。

私は海上自衛隊を選択した。校友会も海上スポーツである短艇委員会だったこともあり、海上に縁を感じていたこともある。

夏の定期訓練では護衛艦訓練もあった。2週間ほど護衛艦に乗って、実際に自衛隊員の仕事や生活を経験するというものだ。海上はもちろんのこと、訓練時は日本全国の港に行った。

海上自衛隊を選択したこともあり、海が好きで好きでたまらなかった。最初は船酔いもしたが、慣れればそんなものは何てことはない。

防衛大は神奈川県横須賀市の小原台という高台にあるが、そこから下ると走水港という小さな港がある。短艇委員会の練習場所でもあった。私はこの走水港が大好きだった。青臭いが自分の青春が詰まっているような気がした。訓練でもよくこの走水港を使った。教官に怒られることも多々あった。短艇委員会の合宿では朝から晩まで過酷な練習を行った。つらい時期もあったが、それ以上に様々な思い出が詰まった場所だった。

私は留年をして2学年を2回行っている。留年をした自分がいけないのだが、さすがに4学年になった時は寂しかった。本来同期である仲間たちはみな各自衛隊の幹部候補生学校へと進学していった。校友会も3学年の5月の全日本大会で引退していた。あれだけ厳しく感じていた防衛大生活でも、5年目の私を指導する学生はもはやいない。なんとなく虚無感を感じつつ毎日を過ごしていた。

ある日、何となくランニングをしようと思い、学校周辺を走った。何となく無性に走水港に行きたくなり、走水港まで足をのばした。そこはただ何もなく海が広がっているだけだったが、無性に懐かしく感じた。同期たちと共にカッターを漕ぎ、同期たちと訓練にいそしんだ日々がフラッシュバックした。

懐かしくも感じたが、それと同時にやる気も出てきた。このままではいけない。残りの防衛大生活を全うせねばという前向きな気持ちが芽生えた。不思議なものだ。パワースポットなんて言葉は聞いていたが、さほど信じてはいなかった。

それからはことある度に走水港に足を運んだ。ただ、静かに毎日の生活に対しての感謝と今後の決意を心の中で報告するだけだ。

心を落ち着かせる、心を充実させるために人の力を借りたり、自分自身を奮い立たせようと行動を起こしたりすることも確かに大切だ。それと同じくらい**リスタートを切れる、心の底から充実感を味わう場所というものを確保することも大切**だ。

防衛大を卒業して、海上自衛隊幹部候補生学校を経て、一般企業に入社したが、この走水港に向かうという習慣はなくなっていない。年に3回、4回は足を運んでいる。

私事ではあるが、2008年に母親を亡くした。その際も、神奈川県の三浦半島に墓を作り、墓参りの度にこの走水港に向かっている。

喧噪《けんそう》としている東京で生活していると、どうしても毎日があくせくしてくる。独立してからは何よりも食っていかないといけない。心を鬼にして、営業を行うこともある。ただ、人間だ。疲れる時はやはりある。疲れた時に心を落ち着かせる場所を用意しておくことは大切だ。

帰る場所は人それぞれでいいと思う。実家でもいいし、近所の公園でもいい。心を休ませることができる場所だ。困難なことがあっても何も焦ることはない。失敗しても焦ることはない。

命までは取られることはない。人間いつでもリスタートできる。

リスタートできるパワースポットを持っていることはとても大切だ。

休み方を変えるPOINT

心を落ち着かせる場所を持っておく

第5章

「結果」を変える

心の在り方次第で、過去も未来も変わっていく

7 「99％」の繰り返しがあなたの偏差値を上げる

私自身、痛感したことがある。初めて管理職になり、ある程度の成果が出始めてからのこと。売上が上がってくると、うれしくて課題についてはあまり考えなくなった。このままの調子で一生懸命営業活動を行えばよいと思ったが、それが落とし穴だった。課題探しを止めた瞬間にまた売上が下がった。

そんな時に短艇委員会でのことを思い出した。先述させていただいたが防衛大の「校友会」の中でも特に過酷なものだった。合宿が短い、夏合宿で使う旅館には「モーニング娘。」が泊まりにくるという、ウソなのか本当なのかよくわからない理由で入部したのだが……。もちろん「モーニング娘。」とは一度も会っていない。夏合宿は、車で移動すればいいものを、防衛大がある横須賀の「走水」という港から「三浦海岸」

までの海上距離10数キロを、一日かけて「カッター」で移動するというものだった。ちょっと進んでは潮で流され、あんなに前に進まない乗り物は初めてだった。

この短艇委員会の特徴は、日本一を目指し、日本一を取るということが「当たり前化」されていたことだ。その分、練習も過酷だった。ただただ、日本一を取るためだけに練習をする。

総勢12名が重さ11キロのオールで、ひたすら決められた練習メニューに取り組む。海上は天候に左右される。風もない、波もたってない時は本当に良いタイムが出た。逆に風が強く、波が高く、雨が降っている時などのタイムは散々だった。

ただここで面白いことがある。短艇委員会ではタイムが出ようが、出なかろうが、練習後のミーティングでは常に「良かった点」「悪かった点」の反省をして、次に活かしていた。最速タイムが出ても良い点だけでなく、悪かった点も必ず話しあった。逆もしかりだった。最悪なタイムが出た時は悪かった点だけでなく、良かった点もしっかりと話し合った。

面白いもので悪いタイムが出た時は、反省も色々と出てくる。要は課題が見つかりやすいということだ。逆に良かったタイムが出た時は良かった点しか出てこない。悪かった点がなかなか出てこない。

ある時、最高のタイムが出た時があった。部員全員で舞い上がった。全日本は数カ月先だったが、もはや日本一を取ったような気持ちになっていた。

ミーティングが始まっても良い点しか出てこない。そんな時、先輩のYさんが口を開いた。Yさんは、漕ぎもうまく、同期や下級生に対しての面倒見もよく、周囲からも尊敬、信頼されている人だった。私もYさんが大好きだった。

「タイムはたしかに良かった。うれしかったし、喜ぶのもいい。ただ、99点だと思う。100点ではない。全日本で日本一を取って初めて100点になる。今日のミーティングは足りなかった1点もしっかりと話し合い、次はもっといいタイムを出そう」

浮かれていた自分が恥ずかしくなった。周囲もそうだった。練習でどんなにいいタイムが出ても、全日本当日にいいタイムがでなければ本末転倒だ。Yさん以外は、現状に満足して、「漕ぎの質」を高める努力を放棄していたことと同じだ。どこか結果に対して、満足していた。

それからはとにかくどんなにいいタイムが出ても99点だと思い、何かしらの課題を見つける努力をした。いつもビデオカメラで撮影した自分たちの漕ぎを見ながらミーティングを行っていたのだが、良いタイムが出た時ほど課題は見つけにくい。真剣に見なければ課題がわからない。それはそれでしんどかったが、次の練習でもっといいタイムを出すため、そして最終的には数カ月先の全日本で日本一を取るためだ。それまでは、どんなにいい結果が出たとしても99点だ。最終的には粗探しに近いような感覚で課題をブレストしていった。そして、出た課題は次の練習で確実に克服することにした。

そして、来るべき全日本で見事日本一を取った。初めて100点の漕ぎができた。

どんなにいい結果が出た時でも課題は絶対にある。

例えば先の例でいえば、その月は売上目標を達成したかもしれないが、翌月同じような営業活動をして目標が達成できるかどうかはわからない。良かった行動に関しては、継続すればいい。良い結果がでた時にやり方を大幅に変えろと言っているわけではない。仮に良い結果が出たとしても、それは99点という意味だ。最低でも99点を維持しつつ、残りの1点はどこが足りなかったかということを真剣に考え、行動することが大切ということだ。

課題とは現状に対する問題意識だ。どんな結果が出たとしても100点ではない。99点を100点にするのはなかなか難しい。50点を70点にするのとでは訳が違う。大切なことは**現状に満足した瞬間に良い結果が出なくなる**ということだ。どうせやるなら100点を目指したい。

逆に今、**良い結果が出てなかったらそれはチャンス**だ。課題も見つかりやすい。課題がわからなければ周囲の人に意見を求めてみるのも一つの手だ。

1点を上げるための思考と行動があなたの心の偏差値を上げる。

結果を変えるPOINT

満足は心の停滞期になっているかもしれないことに気づく

2 「失敗」と「ミス」の違いは厳格にする

1学年時にはわからなかったが、2学年時に進級した時に気づいたことがある。それは、上級生が特に厳しく指導する学生というのは同じ失敗を何度も繰り返す者だ。時間を守れと口を酸っぱく指導するにも関わらず時間を守らない者、汚い服装で廊下を歩くなと何度も言われてもそれを是正しない者など、同じ指導を何度もされる者に対する指導のレベルは上がっていく……。

私自身も同じ指導を何度もされた。特に、挨拶だ。防衛大では自室以外で上級生とすれ違う時は挨拶をする。それも敬礼をしながらだ。朝であれば敬礼をしながら大声で「おはようございます」と言う。夕方であればそれは「こんばんは」に変わる。さらにはすれ違わなくても、上級生の後ろを通る時はこれまた敬礼をしながら「失礼します」と大声で言う。この敬礼をしないことは「欠礼」と言われ、ひどく指導される。そもそもこのような挨拶をする習慣がなかったので、最初は「欠礼」のオンパレードだ。靴を磨く時は基本的に廊下で磨くが、靴を磨いている最中の欠礼がひどくて、何度も私は指導された。今思えば、上級生からしてみると、何度言っても変わらない私に対して腹が立って仕方なかったのだろう。

とはいえ、こちらも指導されるのはまっぴらごめんだ。是正をしないつもりではない。是正をする気持ちはあったが他の仕事に追われていた。ある時、堪忍袋の緒を切らした上級生から部屋に呼び出されて1時間ほど指導された。

「お前はどうして欠礼をするんだ？　俺のことをなめてんのか？」

「いいえっ」

「是正するつもりはないんだろ？」

「いいえっ」

「じゃあ、何を是正した？」

「……」

何も答えられなかった。自分では是正をしなければという気持ちはあるのだが、あれやこれやと追われ、全く是正できていなかった。そんな私を見かねたのか、それまで厳しく私を指導していた上級生が一言アドバイスしてくれた。

「生活が厳しすぎて余裕をなくしてるんだろ。指導されたら、是正しようとしても余裕がないからただアタフタしてるだけだ。ただ、それではいかん。指導されたら何でもいい、小さなことでもいいから何か一つだけ変えてみろ」

今までは指導されたら全てを是正しなければと思っていたが、心に余裕を持てずに結果として何一つ是正していなかった。そんな私を見抜いたのだろう。

それからは指導されたらどんなことでもいいので、何か一つを変えてみることにした。廊下での靴磨き中の「欠礼」に関しても変えてみた。具体的には、片方の靴を磨き終わったら、上級生が近くにいないかと廊下全体を確認することにした。それまではロクに確認もせず、2足一気に靴磨きをしていた。そこで、ワンクッションいれたわけだ。

そしたら不思議なことが起こった。「欠礼」をする回数がグッと減った。ちょっとした工夫をしただけだ。それだけで、失敗が減った。

極端な話、失敗は仕方ない。ただ、ミスはダメだ。**失敗を是正しないのはミスだ。**何度も同じことを言われるのは、それはミスでしかない。

この経験は、特に社会人になりたてのころ大いに活かされた。名刺入れに名刺を入れ忘れて、お客様に名刺を渡せなかったことがあった。正確に言うと、3枚入っていたのだが、お客様がまさかの4名来られて、一名に名刺を渡すことができなかった。これは失敗だ。そこで、何か小さなことを一つ変えようと思い、名刺を箱ごと常に持ち歩くことにした。そのおかげでこの失敗は二度と起きなかった。他にも上司から、依頼した仕事に対して期限に対する認識が甘いと言われたことがあった。それまでは言われた期限に提出していたが、6時間前倒しで提出するようにした。6時間前倒しできない場合は途中の報告を入れる工夫をしたところ、「期限の認識が甘い」などと言われなくなった。

「失敗」をして注意などされれば、何かしらのネガティブな感情は持つ。**「失敗」は起きてからが勝負**だ。一気に何かを変えようとすれば、やることが増えてもしかしたら心の余裕がなくなるかもしれない。そうなったら本末転倒だ。**「失敗」をした時は同じことを繰り返さないためにどんな小さなことでもいい、まずは一つ何かを変えてみよう。**それを変えたところで、また同じ「失敗」をするかもしれない。そうすれば、また何かを一つ変えればいい。毎日、何かを一つ変えていけば、1年経った時に二度と同じ失敗をすることはないだろう。

「失敗」をした後、何も行動を変えなければそれは「ミス」になる。

失敗をして、心の余裕をなくす前に**たった一つのことでも行動を変えればそれは「ノウハウ」となり、結果が変わってくる。**

良い結果に変われば、それは自分自身への「自信」にもなる。

「自信」の積み重ねは強い心を育てていく。

結果を変えるPOINT

失敗は自分が変わるチャンス

3

「失敗」の数だけあなたの引き出しが増える

先述でも紹介したが、1学年中期の部屋長であった「ドラゴン」には本当にお世話になった。彼がいなければ、きっと今の自分はないと断言できる。「出会いで人生が変わる」と言うが、まさにその通りだ。

ドラゴン部屋長は1学年を2回している。要は留年だ。防衛大での生活において、1学年時の留年ほどきついものはない。防衛大での下積み生活を二度経験するということだ。それまで同期だった学生に下積み要員として使われるということだ。

そんなつらい経験をしているドラゴン部屋長だったが、とにかく明るい人だった。つらい経験をしてきたということを微塵《みじん》にも感じさせない。

当時の私は上級生からの指導がつらすぎて、もはや逃げ出したい状態になっていた。でも、一度続けると決めた。葛藤の連続で、毎日がつらかった。

何よりもつらかったのが「デキっ子」と比較されることだった。常に比較され続け、精神的につらくなっている私にドラゴン部屋長も気づいていたのだろう。「今日はどうだった？」と話しかけてくれる。そのうち、その問いにもまともに答えられなくなった。作り笑いを浮かべ「ぼちぼちでした」なんてベタなことを精一杯言っていた。

ある日、本当に耐えれなくなった。ドラゴン部屋長ととにかく話したくなった。精神的にきつくなった時に身近に信頼できる人がいることほど心強いことはない。

「2回目の1学年時の生活はつらくなかったのですか？」

きっとドラゴン部屋長は今の自分よりもつらい経験をしているので、ドラゴン部屋長のつらい経験を聞いて気休めにでもしようと軽いノリで聞いてみた。

すると、ドラゴン部屋長はこう答えた。

「つらかったよ。三本柱の勉学をさぼったせいで留年した。当時はなぜ勉強しなかったのかと後悔でしかなかったが、今では後悔はしていない。留年をしないように勉学の重要性に関しては、より一層周囲に強く言えることができる。**つらい経験は人の引**

き出しを増やす。今のお前はデキっ子たちが経験していないことを経験しているから、お前が上級生になった時にダメっ子に頼られる存在になると思う」

なぜだかわからないが、一気に心が軽くなった。デキっ子たちが経験していないことを今経験できていると思えば気持ちも落ち着いた。

確かにドラゴン部屋長の下には学年関係なく多くの悩みを抱えた学生がきていた。ドラゴン部屋長はそれに対して、いつも相談に乗っていた。

1学年の教育方針や人間関係、さらには自分の将来のことと悩みは様々だった。

ドラゴン部屋長から学んだことは、つらいこと、目の前に突如として現れるありがたくないことは決してマイナスの経験ではないということだ。つらいことも他のこともすべては今後の人生のプラスになる。つらい経験をしたからこそ、同じようにつらい経験をした人へ的確なアドバイスができる。

そのアドバイスは周囲からしたら貴重なものだ。

それからというもの、**目の前のつらいこと、いやなこと、経験する全てのものは全てありがたいこと**として考えるようにした。

おもしろいことにそう思うようになり、目の前の問題に対しての取り組み方が変わった。乗り越えることが自分の引き出しを増やすという結果につながると思うと、逃げずに解決することだけを考え、行動するようになった。仮に行動に移し、悪い結果が生まれたとしてもそれはかまわない。それも貴重な引き出しだ。

この考え方は一般企業に入社した時にも多いに活かされた。

お客様に叱られた時もあった。上司とうまくいかない時もあった。営業マンとして売上が上がらない時期もあったし、管理職として部下をうまくマネジメントできない時期もあった。

ただ、それらはすべてが自分自身の引き出しを増やすためには必要不可欠なことだ。全てがうまくいく人などいない。うまくいかない時に、それを自分なりにプラスに捉え、次に活かす人は強い。心が折れそうになった時にどう捉えるかだ。

お客様に叱られた時は、真摯に謝罪し、その後、どうやればそのお客様の満足度を上げられるか考え、行動を続けた。その結果、お客様とは未だに良好な関係だ。時間は多少なりかかるかもしれないが、考え方一つで物事はうまくいく。上司とうまくいかなかった時は、上司ととことんまで本音で話した。本音を言わずに済めば、一時的には良好な関係を築けたかもしれないが、そんなことでは本当の意味での問題解決にならない。現在、上司との関係で悩んでいる若手ビジネスマンからの相談は後を絶たない。それは、私自身も同じように悩んで、そして同じような気持ちを持っていたからだろう。うまくいかなかった時期が長かったからこそ、的確なアドバイスができていると自負している。

営業マンとして売上が上がらなかった時期はとにかくトップセールスマンに売上の上げ方を聞いたし、さらには自分同様に売上が上がっていない人にも話を聞き、やるべきことやらなくてよい営業活動を徹底的に棚卸した。ただ、「上がらない、上がらない」と悩んでいても何も変わらない。おかげ様で今では営業マン向けの研修事業を行えるまでになっている。

このように**ありがたくない経験は、自分の引き出しを増やす。ただ、ありがたくないことに対して、逃げずに真正面から向き合い、考え行動に移した人にだけ**だ。逃げれば、一生嫌な思いをし続けることになるし、同じような嫌なことが目の前に起きた時にその現状を打破することはできない。

防衛大では小隊で一番のダメっ子だった。一般企業に入った1年目は全くうだつのあがらない営業マンだった。管理職になった時も何をやっていいのかわからず、当初は右往左往していた。

ただ、そんな中でも全てのありがたくない経験は、自分自身の引き出しを増やすと思い続け、行動し続けた。

引き出しは洗練されると自分自身のキラーコンテンツになる。キラーコンテンツは同じように悩み困っている人への力と変わる。

失敗をして心が折れそうになった時は、「今まさに引き出しが増えている」。こう思えばいい。

結果を変えるPOINT

ありがたくない失敗ほど人を助ける核となる

4 不安は「楽観力」で乗り越える

防衛大時代に「非常呼集」なるものがあった。「非常呼集」とは、非常事態が起こった際に、学生に指定の戦闘服装をさせて指定の場所に集合をさせる訓練である。多かった服装は、ライナーと呼ばれるヘルメットをかぶり、半長靴と呼ばれるブーツをはき、弾帯と呼ばれるベルトに水筒をつけて、時として64式小銃と呼ばれる銃を携行することもあった。もちろん、時間厳守だ。指定された時間までに集合できなければ、腕立て伏せをはじめとする体力錬成などはざらにあった。

この非常呼集で厄介だったことは、いつ集合がかけられるかわからないというものだった。食事をしている最中にかかったこともある。起床前の夜中にかかったこともある。定期訓練前や休暇前などの節目節目にかかっていた記憶がある。1学年時はとくにこの非常呼集にはびくびくしたものだ。突如となる呼集のラッパは恐怖以外の何物でもなかった。

私以外の1学年にも、この非常呼集に対してびくびくしていたものは多くいた。中には、「今日の真夜中に非常呼集がかかるかもしれない」と一睡もせずに、鳴るか鳴らないかわからないラッパに備えていた学生もいた。

この非常呼集の他にも防衛大の一日は予想しないことがよく起こる。例えば、風呂から帰ってきてベッドが解体されていたことなどザラにあった。自分の毛布が3階の窓からぶら下がっている光景などは何度も見た。

そして、多くの学生がこの予想できない「起こるかもしれないし、起こらないかもしれない」ことに対して、常にアタフタしていた。悩み、不安を感じ、毎日を過ごす。

そんな中、同期の通称「なめ吉」は常に「大丈夫、大丈夫」と自分自身に言い聞かせ、行動していた。ちなみに「なめ吉」というのは「大丈夫、大丈夫」と安売りをしすぎて上級生から「ナメているヤツ」と思われ、ついたあだ名だ。「繊細」で「ビビリ症」のくせに、目の前で起こるすべてのことに対して、いつも「大丈夫、大丈夫」と受け流していた。

ある時、非常呼集が連続で起こった時期があった。確か1学年の定期訓練前だ。防衛大は一般大学と違い、訓練課程なるものがある。毎週2時間程度実施される過程訓練と年間を通じ1カ月の訓練を1回、1週間の訓練を2回程度実施される定期訓練とがある。

その定期訓練前に朝晩関係なく非常呼集が立て続けに起こった。我々1学年からすると戦々恐々だ。そして、私となめ吉はこの非常呼集で集合に遅れた。さらには服装も滅茶苦茶だった。満水にした水筒を携行しろと指示があったにも関わらず、私となめ吉の水筒に水は半分しか入ってなかった。当然、上級生からひどく指導された。

「戦場だったらお前らは死んでいる。次、同じようなミスをすればどうなるかわかってるだろうな」

上級生から言われたこの言葉は忘れられない。

そして、翌日にも非常呼集がかかるかもしれないという噂が広まる。私は同じミスをするかもという恐怖で夜なかなか寝付けなかったが、なめ吉はあっけらかんとしていた。私が、「同じミスをしたら、やばいよな」と言うと、なめ吉は案の定「大丈夫、大丈夫」と言う。根拠のない「大丈夫」に多少いら立ち、なぜそんな風に思えるのか聞いてみたら、「非常呼集が起こるかどうかわからないから、今、不安になってもあまりよくない。それだったら、今のうちに寝て、体力をためて、非常呼集がかかった時に同じミスを起こさないように全力で準備をすればいい」と言う。なんだか妙に説得力があった。確かになめ吉の言う通りだと思った。

起きるか起きないかわからないことに悩んでもしょうがない。

結果として、非常呼集は起きなかった。

その後なめ吉は学年が上がると同時に、次々と大切な役職を任せられるようになる。最終的には「中隊学生長」と呼ばれる100名ほどの学生を束ねるリーダーになった。100名の学生から信頼され、尊敬もされていた。

大出世の理由をなめ吉に聞くと、いつぞやの非常呼集後の夜と同じことを言った。

「起こるか起こらないかわからないことに無駄な時間は使わない」

妙に腑に落ちて、そして勝手に解釈した。

まだ起こっていない目の前の出来事には悩まない。なめ吉から学んだことは、この楽観力だ。どうしても、人は起こるか起こらないかわからないことに悩んでしまう。心配し、不安にも感じる。ただ、そんなことは考えてもしょうがない。

私自身、不安症の性格が災いし、それまでの防衛大生活で起きてもいないことによく悩んでいた。ただ、そんな不確実な未来を悩んでもしょうがない。

それからは**悩むのではなく、どうすればよいのかを考える**ようにした。とは言え、不安に感じることももちろんあったが、そんな時はなめ吉の「大丈夫、大丈夫」という口癖を自分に言い聞かせていた。不思議なものだ。自然と不安は消えていった。

このなめ吉から学んだことは一般社会に出ても本当に役立った。特に管理職の時だ。初めてのマネジメント業務であり、さらには世はリーマンショックの後遺症で低迷していた。

「自分のやり方が間違って部下の迷惑になればどうしよう」「部下が突然退職願いを出してきたらどうしよう」「リーマンショックのような不景気が突然きたらどうしよう」と、いつもの不安症が芽を出し、まだ起きてもないことにくよくよしている時期もあった。このような感情を持つことは人間だからしょうがない。

そんな時はなめ吉の言葉を思い出し、「大丈夫、大丈夫」と心の中で10回言うことにしてみた。すると、心は落ち着く。「大丈夫、大丈夫」とマネをする部下もちらほら生まれ、チームの雰囲気がとても良くなった。

悲観的な気持ちをより生産性の高い思考に変える力、それが「楽観力」だ。ここで大切なことは「悲観的になるな」ということではない。誰もが悲観的になることはある。**悲観的になった時こそ頭をチェンジして、いったん楽観的に考えてみる。**決して、現実逃避を勧めているわけではない。現実逃避からは何も生まれない。悲観的に悩むのであれば、楽観的に考えて準備をしたほうがより良い結果は待っている。

「失敗」するかもしれないと葛藤することもあるが、大丈夫だ。楽観力を身に着ければそれは乗り越えることができる。

結果を変えるPOINT

起きてないことに悲観的にならない

5 一つのことに秀でると「自信」が増える

防衛大の生活は1学年の時がとにかくきついのだが、学年が上がるにつれて、求められることに対しても応えることができてくるときつさも和らいでくる。

しかし、私が入っていた「短艇委員会」は、学年が上がるにつれてきつさが増してくる。私が在籍していたころは授業が終わると全力で学生舎に戻り、着替えて、練習場所である海上へとまた全力疾走で向かう。所属している全部員が全力疾走で向かう。この全力疾走のことを「ポンドダッシュ」と言った。

上級生になった時に下級生に抜かされると指導もされるし、恥ずかしさもある。何よりも情けなく、そして悔しい思いでいっぱいになる。学年が上がるにつれて、下級生に抜かれたくないというプライドからより一層練習にも励む。船に乗れる人数は限りがあったし、日本一の常連だったこともあり、主将をはじめとする幹部陣も最速タイムを出せるように部員を選ぶ。そこに上下関係はない。力がある人間のみ選ばれる。

そんな短艇委員会の一番の見せ所は年に1回5月に行われる全日本選手権だ。「すべてはこの瞬間《とき》のために」と標語を掲げ、この全日本選手権に標準を定めて日々練習をする。部員たちは、この全日本選手権でレギュラーとして選ばれるために目いっぱいの努力を行う。

私もこの全日本に乗るために自主練も含め、本当によく練習をした。他の部員に比べて体が大きいわけでもないし、足が速いわけでもない。何の色もなかったが、ただ情熱はあった。全日本に出るレギュラー艇のことを「クルー艇」と呼んでいたが、「クルー艇」に乗れば箔もつくし、何よりも日本一という美酒を味わいたかった。1学年時はとにかく漕ぎの練習を頑張り、漕ぎ切るための筋肉もつけるためにウェイトトレーニングには特に力を入れた。

ただ、情熱も行き過ぎると危険だ。

あまりにも校友会に力を入れすぎて、防衛大の3本柱の一つである「勉学」の手を抜いてしまった。結果として、2学年時の10月に留年が決定した。

2学年を2回するということは短艇員会の部員としては致命的だ。なぜならば、防衛大の2学年の4月には「カッター訓練」なるものがあり、2学年全学生が一旦校友会活動を中断して、この「カッター訓練」に参加するわけだ。短艇委員会の全日本選手権は5月に開催されるのだが、4月のまるまる1カ月間は校友会活動ができないわけだ。主将をはじめとする幹部たちも4月に練習できない部員を全日本に乗せるわけにはいかない。

これには心が折れそうになった。私のポジションには先輩、同期と少なくともライバルが3人いた。周囲からは同情され、全日本に乗ることは難しいとも言われ、半分投げやりになったが、そんなことをしても何も解決しない。困った時の先輩頼みではないが、当時懇意にさせていただいていた先輩に相談してみた。

その先輩は漕ぎ手としては引退しており、船の指揮を執る艇指揮として短艇委員会に所属していた。先輩の部屋に行き、留年が決定して焦っている、たぶん全日本に乗ることは無理だ、ライバルには負けたくないと何ともとりとめようがない相談をしたところ、こう言われた。

「お前の漕ぎの一番の武器は何だ？　誰にも負けない武器は何だ？」

その問いに答えることができなかった。自信を持って「これは負けません」というものが一切なかった。情熱だけは負けていなかったが、気合と根性だけでクルー艇に乗れるほど甘くはない。

答えられない私に対して、先輩は「誰にも負けない武器をたった一つでいい。今から3月末までに作れ」と言う。


そこからは必死だ。自分の武器は何かを考え始めた。肉体的なパワーで勝てる要素はまずなかった。ムードメーカーといったキャラでもない。最終的にその先輩とも相談して、「オールの動き」だけは誰にも負けないようにすることにした。

レースは2000メートルなのだが、1000メートルを超えるあたりで疲労から多くの部員のオールの動きがバラバラになる。私のポジションは、後ろを漕ぐ漕ぎ手たちのオールがバラバラにならないように一番先頭でリズムを作るものだったこともあり、まずは2000メートルを漕ぐ中、一定のリズムでオールを動かせるということを武器にしようと考えた。

それからの練習はといえば、その1点にとにかく集中した。もちろん、船全体で掲げる技術目標があったのでそれは最優先にして、個人目標としてはとにかく2000メートルを一定のリズムで漕ぎ続けるというものにした。いかんせん、重さ11キロのオールだ。1500メートルを過ぎるあたりから腕と足が棒のようになり、心が折れそうになる。最初は全くダメだったが、毎日ビデオを撮ってもらい、自分で研究もした。地道な作業だったが何はともあれ、全ては全日本選手権で選ばれるためだ。すると不思議なもので3月に入ってから、一定のリズムで漕げるようになった。

4月の1カ月間は全く練習はできなかった。5月に入ってから2週間後には全日本選手権だ。その2週間に全てをかけた。4月は焦りもしたが、自分は最高の武器を持っていると言い聞かせ、とにかく熱だけは失わないようにした。

5月に練習復帰してからも自分の武器を磨き続けた。そして、全日本メンバー発表の日、私はクルー艇のメンバーに選ばれた。選ばれた理由は「安定したオールの動き」だった。

周囲からは留年した段階で全日本に選ばれることは難しいと言われた。それは当然だ。ただ、**たった一つの武器で結果を変えた。**

何か一つでも秀でたものを作れば、時として結果は大きく変わる。この考え方は卒業しても変わらなかった。入社当初は本当にうだつの上がらない営業マンだった。質で劣っているのであれば活動量を増やせばいいと、誰よりも営業電話を行った。量だけは誰にも負けないよう行動した。他の営業マンが100件そこらで止める中、一日に200件、300件とかけまくった。するといつの間にか、アポイント数が一番になった。

決してプレゼンがうまい方ではなかった。いかんせん、防衛大時代に「人前で歯を見せるな」という教育を受けている。歯を見せることに当初は抵抗があって、なかなかうまく客先でプレゼンができない。ただ、プレゼン資料を作ることはできる。プレゼン資料をDMとして、ただひたすら客先に送りまくった。それも工夫をしながらだ。

すると次第に資料だけで受注が決まるようなことも起きた。プレゼンは苦手だったが、受注先のクライアントとの何気ない会話からトーク力も磨かれていった。今では人前で話す仕事を本職としている。

大切なことは、**自分ではダメだと思っている状況でも、人から困難な状況と言われても自分の武器を磨く努力をする**ことだ。

こんな話をすると、「自分には武器なんてありません」というビジネスマンもいる。それは違う。武器がないのではなくて、武器に気づいてないだけだ。武器を探し、磨く努力を続ければ誰でも身に着けることができる。

極端な話、朝の挨拶でもいい。誰よりも笑顔で会社の上司、同僚に「おはようございます」と言う。明るいヤツだと思われて、思ってもなかったやりがいのある仕事を任せられるかもしれない。行き詰った時にこそ、まずは自分の武器を探してみよう。そして、それを磨き続ける努力をしてみよう。結果は大きく変わるはずだ。

先述した全日本だが、見事日本一を取ることができた。タイムにして2秒差での日本一だ。少なからず、自分で磨き上げたオールの動きが貢献したと自負している。

結果を変えるPOINT

自分だけの武器は心の拠り所となる

6 不器用精神があなたを何度でも復活させる

例えば、営業電話を100件かけろという指示が出たら、どうするだろうか？ 私なら2倍の200件をかける。DMを毎日50件送るように指示を出されたら、その2倍の100件だ。

大げさにやった方が成果がでることは知っていた。仮にそれがうまくできなくても2倍やったという達成感で前向きな気持ちになれることも。

それは、防衛大の体力測定で学んだ。年に1回行われ、ノルマを達成しないと毎度おなじみの補習がある。私は懸垂で補習になった。懸垂とは鉄棒にぶら下がり、腕や背中の力を使い、アゴを棒の高さまで引き上げるというものだ。

1学年は最低でも1回できないといけないのだが、私は1回もできなかった。ちなみにだが、卒業時は確か6～7回がノルマだった。私を含めた15名ほどが何かしらの種目のノルマを達成できなくて補習にかかっていた。

補習当日、見渡してみるとびっくりした。いかんせん、15名の内、80％以上がダメっ子だった。学生舎での生活もダメ、体力検定でも補習に引っかかると、私を含めてどうしようもない。

その中にF学生がいた。私の短艇委員会の同期でもあった。彼は、確か1500メートル走で補習に引っかかっていた。学生舎では知る人ぞ知るダメっ子だった。「お互い頑張ろう」なんて傷のなめ合いのような社交辞令を交わし、補習に臨んだ。

初日の補習の後に指導教官に集められた。その時に言われた言葉は忘れられない。

「何かしらの種目で補習にかかっているわけだが、こちらから言われたことは大げさに直せ。横着な気持ち、手を抜こうなんて思っても絶対にノルマは達成できない」

まだ、30代前の現役幹部自衛官だった記憶がある。彼は厳しかった。特に1500メートルで補習に引っかかっていたF学生には厳しかったような気がする。

たかだか3メートル程度の移動でも全力で走れ、手を抜くな、学生舎での移動は他の誰よりも全力で走れといった具合だ。そもそも防衛大には廊下で3歩以上走れというルールがある。走ってでも時間を作れというニュアンスだ。3歩以上を走らなければそれは厳しく指導される。

私は懸垂で補習に引っかかったわけだが、毎日休み時間を含め、ちょっとでも時間があれば鉄棒にぶら下がれと言われた記憶がある。

そうはいってもそんな時間はないと心の中で思っていた。鉄棒にぶら下がる時間があれば、容儀点検の準備でもしたほうがいいと何となく軽く思っていた。

そんなことを思いながら日々生活していた。

そんなある日、食堂に同期数名と駆け足で向かっていたら、後ろからすごい勢いで走ってくる学生がいる。足音も大きいし、息遣いも荒い。

「パッと」後ろを振り向くとF学生だった。教官から言われた移動は全て全力でやれと言う教えを愚直に守っていた。あまりに全力疾走を行うため、すれ違う上級生に欠礼をして指導され始めた。そして指導が終わるとまた全力疾走だった。

その姿を見て、私は、指導されるくらいなら全力で走らないほうがいいのではと心の中で思った。なんだか要領が悪いなとも正直思った。

体力補習訓練は定期的に再度検定が実施される。第1回目の再検定の時、私はまたもや懸垂が0回だった。

その再検定で1名だけ合格が出た。F学生だった。1500メートルのノルマに1分も足りていなかったのが、悠々とノルマをクリアした。

教官もF学生に賛辞を贈る。

「頑張ったな。本当に素晴らしいと思う。他の学生もF学生を見習え。言われたことをまずは愚直に大げさにやる人間が何よりも強い。そして、それは誰にでもできることだ。F学生は俺が見る限り、常に学生舎でも全力で走っていた」

私は当初、F学生のそういった行動は無駄だと思っていた。自分が恥ずかしくなった。心の中でどこか愚直にやっても成果は出ない、そこそこ要領よくやって成果を出した方がかっこいいなんてミーハー心も働いていた。結果はどうだ。大げさに、愚直にやったF学生のみが最高の成果を出した。

それからはエンジンがかかった。ちょっとでも時間があれば鉄棒にぶら下がった。懸垂が得意な同期にも付き合ってもらった。やってやってやりまくった。

すると、次の再検定の時に合格した。さらには今までは1回もできなかった懸垂が

5回もできた。最終的に卒業する前には30回以上もできるようになった。

不器用だけれども、言われたことを愚直に、大げさにやれる人間は成果を出すということをF学生から教えてもらった。適当に懸垂の訓練をして、補習に合格できなければ、ストレスがたまっていくばかりだ。

これは一般企業も同じだ。上司から言われたことは大げさに、さらに愚直にやる。他の営業マンたちは手際よく効率よく、売上を上げていても、要領の悪かった私は、上司から指示された行動に関してはその2倍の量をやった。

そんな私の行動を「もっと要領よくやれ」「効率よくやれ」と言ってくる同期や先輩はいたが、まずは営業部長から言われたことを愚直なまでに大げさにやってみた。すると不思議なことに半年ほど経つと成果が出始めた。1年終わるころにはトップセールスマンになっていた。

そんなもんだ。周囲から不器用と言われてもいい、周囲から効率よくやれと言われてもいい。ただ、1つだ。**やれと言われたことに対しては極端なまでにそれも愚直に大げさに対応する。その繰り返しが後々、成果を出せるようになる。**

愚直にやってる途中につらいことなんてありませんか？　という質問をたまに受けるが、つらいこともある。人間だからやはり良い結果は欲しい。ただ、愚直にやらなければ良い結果が出にくいことも知っている。**全てのことにおいて、愚直に全力でやれる人間が最短で成果を出す。**

物事がなかなかうまく進まない。目の前のことがきつい。なんて思っている方、まずは人から言われたことを愚直にそれも極端なまでにやってみてもらいたい。するると、思ってもみない成果が出ることになるかもしれないし、愚直にやった後は意外に達成感ですっきりするもんだ。

不器用だけど、愚直、そして大げさに対応する。これはある意味、全ての人間が持っている最強の武器かもしれない。

結果を変えるPOINT

不器用でも愚直に全力でやれと言われた事をやる

第6章 「関係」を変える

心の負担を軽くする人間関係の築き方

7 「愚痴」を捨て「感謝」を心のOSにする

防衛大ではシワ一つない、埃一つついていない制服を着て、外出する。今でも休日、横須賀に行くと制服を着た防衛大生を見て懐かしくなる時がある。

外出時で一番厄介なことは「外出点検」だ。ちゃんとした服装をしているか、携行品はもっているかと週番勤務についている4学年に点検される。

入校当初は月曜から金曜まで毎日指導され続け、唯一の楽しみは土日の外出だ。どうにかして点検に受かり、外出したいが、すんなりと合格させてくれるほど上級生たちは甘くない。完璧な準備をしても落とされる。こちらも人間だ。落とされるとストレスもたまるし、頭にも来る。点検に落ちて部屋に戻ると、「なぜ落とすんだ」と文句やら愚痴やらをポロポロこぼしていた。愚痴や文句を言っても何も変わらないとわかっていても、ついつい出てしまうのが、これらネガティブワードだ。

私の同期のY学生の話をする。彼は一切人に対して怒ることがなかった。例えば、以前Y学生が全く時間を取れずに、Y学生の作業服を私がプレスをした時。丁寧にしたつもりでも明らかにしわくちゃな作業服が出来上がってしまった。Y学生はその作業服を着て、日夕点呼に出たところ、ひどく上級生に指導された。そして、Y学生のプレスをした私がなぜか容儀点検に合格するという何とも皮肉な結果になった。

その夜、Y学生にプレスが汚くてすまないというと、「大丈夫。時間のない中、ありがとう」と言う。Y学生からすると、自分の分をきれいにプレスをして他人の汚くして……といった愚痴くらいは言いたくなるだろう。でも言わない。さらには、周囲に「お互い時間のない中、濱潟にプレスをしてもらったことは一生忘れない」なんてナイスガイなことを言う始末だ。いつも「ありがとう」と愚痴、文句を一切言わない。

先の外出点検に戻る。ある日の外出点検で私とY学生のみが最後まで外出点検に合格せずに外出できない土曜日があった。Y学生はそれに対して、「仕方ない」と割り切っていた。むしろ、隣で点検に落とされ文句を「プープー」言っている私に対して「明日の日曜日は絶対に外出しよ。今から準備しよ」と励ましてくる始末だ。

その日の夜、外出していた同期たちが学生舎に帰ってきた時、外出していない私とY学生にわざわざお土産を買って帰ってきてくれた。お土産といってもコンビニで買ったプリンやヨーグルトだ。Y学生のお土産の数は明らかに私よりも多かった。お土産をもらう度にY学生は笑顔で「ありがとう、ありがとう」と言う。常に愚痴やら文句やら言っていた私と、常に周囲に「ありがとう」と感謝をし続けるY学生とでは明らかに周囲との関係性が違った。私へのお土産はほぼ社交辞令のようなものだ。

そして、翌日の午前中の外出点検でY学生は一発合格する。そして、まさかの点検後、点検官に「ありがとうございます」と言った。誰もが恐ろしいと思う鬼のごとく怖い点検官だ。きやすく上級生に声をかけることなどは許されない。私もさすがに「やばいだろ」と思ったが点検官はY学生に微笑みながら言う。

「外出、楽しんで来いよ」

Y学生が元気よく「はいっ」と大声で言う隣で私は見事にまた外出点検に落ちた。

Y学生はいつぞやのプレス代行の恩だと言い、私の外出点検の手伝いをしてくれた。

その時思った。Y学生は感謝の気持ちをベースにして人と接している。

私は、猛省した。それまでは軽い感謝と大半の愚痴や文句で生活をしていた。それからは愚痴や文句を言わないようにした。とは言え、言いたくなる時もある。そんな時は**無理やりにでも「ありがとう」と口に出す**ことにした。すると心が落ち着く。周囲との関係も良くなっていった。

その後、Y学生とは卒業するまで一緒だった。まさかのY学生も留年をした。Y学生との関係はとても心地よく、いつも心が穏やかになった。

「ありがとう」の言葉力は本当にすごい。

一般企業に入社してからも愚痴や文句を言いたくなる時は何度もあったが、その度に愚痴や文句ではなく「ありがとう」と言うようにした。

部下の前でも繰り返していると、いつの間にかチームの雰囲気も良くなってきた。

それどころか、それまで会社に対する愚痴や上司に対する不平不満を言っていた部下たちがそれらを言わなくなった。となると、当然雰囲気も良くなる。部下との関係性も良好になり、売上も上がった。会社の経営陣からも「ありがとう」と感謝された。

褒められるとうれしいものだ。それまですさんでいた心も落ち着いた。

Ｙ学生との出会いがなければ、このような結果になっていなかったかもしれない。過酷な環境の中でも「感謝」の気持ちを発信することの重要性を教えてくれた。

たまたま、先日Ｙ学生と会う機会があり、当時の話やらなんやらで盛り上がった。多いに飲んだ。酔っぱらった勢いで「人に感謝すること」の重要性を教えてくれてありがとうと言うと、「お前には時間がなかった時にプレスをしてもらったから、こちらこそありがとうな」と言う。こんな関係を構築し続けることは大切だ。

心が折れそう、ついつい不平不満を言いたくなる、愚痴も文句もぶちまけたい。そう思うのは人だからしょうがない。

ただそんな時こそ大きな声で「ありがとう」と言ってもらいたい。

関係を変えるPOINT

愚痴を言いたい時ほど「ありがとう」と言う

2 「他人事」も「自分事」の精神で

自分にも他人にも本気ですごしているだろうか？

ここでいう本気とは、「時間」と「労力」を自分のためにも他人のためにも使うことだ。

例えば、防衛大には一斉喫食なるものがある。一般大学であれば昼食はそれぞれ自由にどうぞというスタンスだと思うが防衛大は違う。平日は毎日、全学生が食堂に集まり一斉に昼食を取る。食堂といっても食券を買って好きなものを食べるといったものではない。日々のメニューは決まっていて配膳準備をするのは1学年だ。

1学年は午前中の授業が終わるとダッシュで食堂に向かう。もちろんバラバラのダッシュではない。隊列を組み歩幅、足並みを合わせてのダッシュだ。食堂に着いたら配膳を行う。ごはんを盛り、お茶を汲み、味噌汁もつぎ、といった具合だ。2000名からなる配膳の準備をするのは、それは大変だった。大型の電子ジャーで米を炊く関係上、ジャーの上の部分はふっくら炊けるわけだが、下の部分は水分を多く含みベチャベチャな米だった。上のおいしそうな部分は全て上級生に盛り、1学年は下のベチャベチャな部分を食べる。我々の中ではこれを「ベチャメシ」と呼んでいた。味噌汁も同様だ。上級生には具をたくさん入れる。1学年は基本的に汁だけだった。

そして、全員そろってから一斉喫食は始まる。

午前の課業が終了するのが11：40だった。そこから移動やらなんやら込みで11：55までには全ての配膳を終わらせる必要があった。2000名もの配膳を1人ではできない。同期全員で協力し合ってこれらを終わらせた。一人ひとりの役割も決めていた。今日は誰が米を盛るのか、味噌汁は誰がつぐのかといった具合だ。中途半端にこの一斉喫食の準備をすれば、12：00からの「食事開始」に間に合わない。

ある日、同期のA学生が食堂に向かう途中に上級生への敬礼を忘れて、指導されたことがあった。A学生は上級生たちが座るイスを拭く役割だった。指導されようが、指導されなかろうが、12：00までには全て終わらせなければならないのが一斉喫食だ。

A学生が離脱しようがしなかろうが、同期全員で力を合わせてA学生の役割だったイス拭きも行い、無事ことなきを得た。全員が本気だった。

また、翌日には今度は私が欠礼で食堂に向かう途中に指導される。すると、今度は私の同期たちが私の代わりに全員で米を盛ってくれていてことなきを得た。

自己中心だった人間も防衛大では協力し合うことになる。連帯責任の恐怖もあった。同時に「他人ごと」は「自分ごと」の精神が身についていたのかもしれない。

自分のことだけ考えて行動しても周囲との良い関係は築けない。周囲との良い関係を築けなければ、それはそれでストレスになる。

多くのビジネスマンが上司との関係、部下との関係で頭を悩ませている。人それぞれだから人間関係は複雑になることもあるが、基本的には「他人事」は「自分事」の精神だ。自分にも他人にも本気で接する。これを防衛大では本当に教えてもらった。

ただ、人間だからどうしても自分事でいっぱいいっぱいになると他人のことまで頭が回らなくなる。私にもそんな経験がある。

防衛大時代はそういったことは環境が許さなかったが、一般企業では多々あった。特にリーマンショックの後は多かった気がする。当時は歩合制だったこともあり、自分の売上が減るということは自分の実入りが減るということだ。それだけは絶対に避けたかった。困っている後輩から営業の質問をされても、まずは自分の売上確保優先で動いていた。そんな自分のことだけを考えて行動していた結果、ある日、その後輩が会社を解雇されるという情報を入手する。確認してみたら、困った顔で解雇通告されたのは事実だと言うではないか。

その時、防衛大での一斉喫食を思い出した。そもそも、「他人事」も「自分事」とみっちり教育されていたにも関わらず、自分はなんていい加減なことをしたのだろうと自己嫌悪にもなった。

そこからはその後輩のために本気になろうと思った。時間と労力をとことんまで使った。朝は就業時間の1時間前から夜は終電まで、土日も共に営業活動をした。と、本気になってやっているうちに後輩が売上を上げだし、解雇はなくなった。

これには続きがあり、私が初めて管理職になった時、右往左往していたらその後輩が右腕のごとく私のために頑張ってくれた。大いに助けられた。彼無しでは業績アップは考えられなかった。私が独立した後、私の後をついで事業部の部長にもなった。

多くのビジネスマンが人間関係で悩んでいる昨今、まずは「他人事」も「自分事」の精神で、さらには本気になって自分のため、他人のためと両方を頑張ってみると恐ろしいくらい関係が良くなる。

他人のために頑張るのなんてキャラじゃないという人もいるかもしれないが、本気で接した人間は、今度自分が困っている時にこれまた本気で助けてくれる。

これは防衛大でも一般企業でも変わらない。是非とも試してみてもらいたい。

関係を変えるPOINT

人間関係に悩んだ時は、その人のために一生懸命になってみる

3 「何を得られるか」では何も得られない

将来の自衛隊幹部候補の集まりである防衛大の組織編制を紹介する。総勢2000名を「大隊」と呼ばれる4つのグループに分ける。そして、1つの「大隊」を「中隊」と呼ばれる4つのグループに分ける。最後に「中隊」を「小隊」と呼ばれる3つのグループに分ける。

私は入校当初は「321小隊」に所属していた。これは「3大隊の中の2中隊という組織の中にある1小隊」に籍をおいているという意味だ。

そしてそれぞれの「隊」には「長」と呼ばれるリーダーがいる。大隊の長であれば大隊学生長、中隊の長であれば中隊学生長と呼ばれ、小隊であれば小隊学生長と呼ばれた。「長」になった学生は強烈なリーダーシップを発揮する。「長」は現役の幹部自衛官である指導教官が選出するわけだが、「長」になる学生は「超」がつくほど優秀な学生が多かった。

1学年の時の話だ。同じ小隊の同期にK学生がいた。K学生はダメっ子であった私が言うのもあれだが、要領がとにもかくにも悪かった。優先順位がとにかくわからない。例えばだが、1学年は1日中、誰かしらの上級生に指導されているわけだが、こちらも指導してくる上級生を見る。特に厳しい上級生からの呼び出しなどあれば他の比較的優しい上級生からの依頼事項よりも最優先で対応する。しかし、K学生はそれをしない。結果として、厳しい上級生からすれば「俺のことをなめているのか」とK学生をより一層指導する。こちらからすれば、厳しい上級生の対応を何よりも優先的にすべきだと考えるものだ。

他にもあった。自分がロックオンされているにも関わらず、他のロックオン学生の相談を親身に聞いたり、ただでさえ時間がないにも関わらず他の学生の容儀点検の報告書を代筆したりする。結果として、自分の報告書を書けずに上級生から指導されることなど多々あった。

自分が指導されているにもかかわらず、同期からの依頼などがあれば同期からの依頼を最優先に行い、結果としてK学生が上級生から指導されるといったことが多々あった。

本当に要領の悪い学生だった。

ある時、K学生に聞いてみた。

「他の同期からの依頼は断った方がいいのになぜ断らないの？　同期の手伝いをしたところで、さほど見返りなんてないよ」

するとK学生は答える。

「見返りを求めたらキリがないし、人からの頼まれごとは上級生、同期かかわらず、最優先に行う。将来幹部自衛官になった時に、見返りを求めて行動することはないし、人命救助や災害派遣も全部人のためにやることだろ。だから、俺は人のためにやる」

私は頭を打たれたような気分になった。まず、心のどこかでいつもK学生のことを要領が悪い人間だと下に見ていた。そして、私自身がいつも自分が周囲へ何かをやった時はその見返りを求めていた。口には出さないものの、心の中では見返りを求めていた自分がいたが、K学生は「見返りなど求めない、人のためにやる」と言う。どこか自分の考え方にずるさを感じた。

そして、同時にK学生がかっこよく見えた。

それからも、K学生は自分のことよりも人のために学生舎生活を送っていた。私もそんなK学生を見て、まずは**見返りを求めない努力をしてみた。すると、不思議なもので、心が穏やかになる。**なぜだかはわからないが、人から依頼されたことに対して、それを全うした時の周囲からの「ありがとう」がとてもうれしい。**「ありがとう」という感謝の気持ちこそ最高の見返り**かもしれない。

その後、K学生は周囲のために尽くして尽くして、4学年時には中隊の長である中隊学生長になっている。指導教官たちもK学生のそういった面を見ていたのだろう。

K学生との交友は、その後の私の人生を変えたと言ってもいいかもしれない。というのも、一般企業に入社した時に驚いたことがある。それは、**多くのビジネスマンが「何のために」よりも「何を得られるか」ということに焦点を当てて、日々営業活動を**

行っていたという点だ。

たしか**に資本主義社会で「何を得られるか」は大切だ。とはいえ、それよりも大切なことは「何のために」だ。**K学生は「人のために」という精神で中隊のトップまで躍り出た。

それは、一般企業でも同じではないかと常々心の底で思っていた。最終的にこの発想は他の営業マンたちとの差別化になった。

お客様から何を得られるかよりも、お客様のために何ができるか。その精神で、営業活動を行った結果、お客様からの受注が他の営業マンよりも圧倒的に増えた。

次に管理職になった時だ。営業部長になったわけだが、チームを使って何を得られるかより、チームのために何ができるかに焦点を当てて、チーム運営を行ったところ部下たちがよくついてきてくれた。利害関係は確かにある。だが、その前に人と人が一緒に仕事をするわけだ。「人のために」「お客様のために」「社会のために」と何でもいい。○○のためにと考えて、精一杯行動を行えば、その後、何かしら得ることになると思う。

K学生は「人のために」ということに焦点をあてて、中隊学生長になった。私は

「チーム」のためにと考え、行動し続けた結果、部下との関係は良くなり、さらには2年間で売上が160％アップした。

「人のために」といつも行動していたK学生を嫌っている学生は1人もいなかった。不器用で要領が悪い。とはいえ、誰も嫌いにならない。公明正大な目的は周囲との関係も良好なものにする。

「何のために」を第一に考え行動した結果、得られるものは得られると思う。少なくとも、良好な人間関係を得ることはできる。

殺伐としている現代社会において、良好な人間関係から得られるものは、心の安らぎだ。

関係を変える POINT

見返りを求めないと心が穏やかになる

4 コミュニケーション力を上げるルール

防衛大には、毎年世界各国の幹部候補生が留学してくる。私が在籍していたころは、ルーマニア、フィリピン、ベトナム、タイ、シンガポール、インドネシア、モンゴルと様々な国の外国人留学生がいた。

彼らは自国でももちろんエリートだ。留学生は防衛大に5年間在籍する。最初の1年間は「0学年」という扱いで、日本語研修期間だ。この1年間で日本語を人並み以上に話せるレベルまでいくので恐れ入る。全留学生が完璧にマスターしていた。2年目から防衛大1学年と同じ生活を送る。もちろん、上級生の指導はある。

そんな留学生に共通していえることが、ネガティブな行動も全くとらず、絶対に弱音を吐かないということだった。自国のエリートとしての誇りもあったのかもしれない。あのつらい生活で弱音を吐かない、その強さに驚いた記憶が何度もある。

ただ、1点物申すとしたら、彼らはエリート意識が強いがゆえに、ごくたまに超がつくほどの「頑固」になる時がある。ミーティング中などでも自分が受け入れることがあれば、真っ向から全否定をしてくることもざらにあった。下手に日本語がうまいので、口論になっても日本人と互角にやり合う。そんな留学生の扱いに頭を悩ませている学生もいた。

私にも同期の留学生が数名いた。そんな留学生の1人のSさんからは大切なことを学んだ。どんな状況でも誰とでもうまくやれるために必要なことだ。

Sさんはフィリピン出身だった。留学生特有の頑固さが全くなかった。フィリピンと日本とで生まれ育った環境も違うにも関わらず、とにかく日本人誰とでもすぐに仲良くなる。頭がいい、弱音を吐かない、ネガティブな行動もない、性格がいい、そしてエリートだ。もし私に娘でもいようものなら是非とも結婚してもらいたい。

ある日、Sさんに全く違う環境でも人とうまくやれるコツを聞いてみた。考えてもない返答が返ってきた。

「人を認めること。そして、人の考え方はそれぞれだから、まずは受け止めること。そうすると自分のことも受け入れてもらえるようになる」

私の中では本当に大きな学びだった。実はそれまでは人間関係で苦労することも多かった。負けん気強い性格ということも災いしていたのだろうが、小さなことでも認めることができずに水掛け論になるようなことがあった。

そんな私へのメッセージかどうかわからないが、Sさんは「まずは人を認めろ」と言う。そして、「受け止めろ」と言う。そうすれば自分のことも「受け入れてもらえる」と断言する。

認めるとは、相手の価値観に対して理解を示すということだ。受け止めるとは、相手の価値観に対して同意し、それに合わせようとすることだ。すると受け入れてもらえる。

どこかSさんの立ち振る舞いに好感を持っていたので、教えを実践してみることにした。ただ、三つ子の魂100までではないが、どうしても気にくわないことがあると反論してしまう。自分でも子供だと思ってはいるものの、つい反論してしまう。口では認めているといってもどうしても認めることができない。認めることは何だか自分が相手に負けているような気分になって嫌だった。

ダメっ子の分際でプライドだけは一丁前だった。


ある時、たまたまSさんと外出する機会があったので、Sさんの教えを実践しようとしているが、どうもうまく感情をコントロールできないと言ったニュアンスの相談をしてみた。すると彼はこう言う。

「受け止めるのは誰でもできる。ただ、受け入れるかどうかは自分で決めたらいい。俺だって受け入れることができないことなんてたくさんある。ただ、それは真に受けずに受け入れない。ただそれだけ」

なんともまぁ、できた留学生だ。反論なんてする必要がない。嫌なことは受け入れなければそれでいいと言う。確かにそうだなと思った。それまでは全て受け入れようとして反論をしていた。完全に勘違いをしていた。受け止めるだけで終わればそんなことはない。**嫌なことは受け入れなければいい**。

それからというもの、小さなことで反論することはなくなった。頭にくることがあったが、心の中で「それは絶対に受け入れません」といったことを唱えると何だかちょっといい気分になっていた自分もいる。

管理職であれば、自分の価値観を部下に押し付けるのではなく、まずは部下の価値観を受け止めてみるところから始めたらいいだろう。

一般社員であれば、上司や同僚の価値観をただ受け入れてストレスをためるのではなく、まずは受け止め、そして認めるところから始めればいいだろう。

相手の価値観を認め、受け止められることができる人は人を惹きつける力がある。人間関係で悩むこともないだろう。

人間関係で悩んでいるという方がもしいたとしたら、まずは実践してもらいたい。

「認める」「受け止める」そして、自分の良いと思ったものは「受け入れる」。

きっとストレスフリーな人間関係を構築できるだろう。

関係を変えるPOINT

相手を認めても、嫌だと思ったことは受け入れない

第7章

「逆境」はあなたの人生を輝かせる、最高のエンターテイメント

1 すべての経験があなたを進化させる

これまで防衛大での生活から学んだことというものを数多く説明してきた。日本で一番過酷な大学と言われる本校での経験は、社会に出てからも生きた。

1学年の時はとにかく毎日の生活に追われた。「なぜこんなことで指導をされなければいけないのか」「なぜこんなにも悩み苦しまなければいけないのか」ということを自問自答したことも数えきれない。

毎日が逆境の連続だった。自分の想像していたような結果になったことはほとんどない。常に何かしらの指導があった。つらい毎日で親にも何度も泣きを入れた。人に何かしら言うと心も落ち着くのだろう。

私以外の同期も1学年時はみな疲弊していた。それが、2学年、3学年と進級するにつれて、少々のつらいことや、ありがたくないことには動じなくなった。1学年時にとことんまでストレス耐性を身に着けたからだろう。

ただ、おもしろいものだ。ストレスを感じている時、心が折れそうになった時、今すぐにでも逃げだしたくなる時といった、ネガティブなことを考えている時はそれ以外考えることができない。それがネガティブなことに対する心構えや対応策といったものを身に着ければ、なんてことはない。追いつめられたとしても命までは取られることなんてないと思えることも多々あった。

人とはおもしろいものだ。それは、いろんなセミナーや研修を受けて学ぶことも多いが「経験から学んだ」ことに勝るものはない。つらい経験、うれしい経験と全てだ。経験を通じて、人は進化し続ける。

歴史をさかのぼってもそうだ。

地球が作られた時に人は存在しない。最初の生物は微生物だ。そこから恐竜が生まれ、サルが生まれ、原人が生まれ、ヒトが生まれた。気候の変化、環境の変化を通じて常に進化し続けた。その過程で、消滅した生物もいる。ただ、最終的に我々は生き残っている。

どんな逆境でも生き残ることができるということだ。歴史がそれを教えてくれる。防衛大での生活でつらいことが続くと土日に同期たちとよく焼肉に行った。ちょっとでも気を紛らわせたかったのだろう。そんな時によく出た会話がある。

「**今のこれらの経験で俺らは進化している**」

何とも前向きな発言だ。ただ、その通りだと思う。

一般企業でもそうだ。多くのビジネスマンが嫌なこと、つらいことを乗り越えて、年を重ねて、それ相応の年収を得る、富を得る、成功を得るなんてよくある話だ。ありがたくないこと、ありがたいこと、全て経験することが今の自分たちを作っている。

今、目の前で最悪な事態が起きたとしても何も悩む必要はない。その最悪なことがまたあなたを成長させてくれる。目の前に起きる全てのことはエンターテイメントだ。

防衛大という過酷な環境、そして一般企業に入社してからすぐにリーマンショックなる100年に一度の大不況が来た。会社はリストラ、減給を繰り返した。生き残るためには会社としても苦渋の決断であっただろう。

私自身も悩んだ。気持ちが落ち込むこともあった。ただ、それらもすべて乗り越えてきた。全ては過去の経験があったからだ。その時は過酷で、つらい、逃げ出したいと思っていても、後々から考えるとその経験に学ばせてもらったことは本当に大きなものだ。

すべての経験が常にあなたを進化させてくれる。

一時的に凹むことはあるだろう。そんな時は、深呼吸でもして過去の経験を思い出してもらいたい。きっとそれを乗り越えるためのヒントはある。

進化を続けるために今の経験がある。

それを考えながら今日も生きる。

2 「逆境」に勝る訓練なし

防衛大に入校してから様々な訓練を受けた。

1学年時の遠泳訓練、2学年時のカッター訓練、そして3学年の断郊訓練……。全てが初めてのことだった。全てが過酷だった。

同期と共に協力し合うわけだが、人間同士だ。時として言い争いになることもあったし、足を引っ張り涙を流したこともあった。

途中で何度も逃げ出したくなる時はあった。心が折れそうになる時も何度もあった。そんな状況だったが、時に叱咤激励をし、時にふざけ合い、そして時に涙を流し合った。葛藤ももちろんあった。ただ乗り越えた時の達成感はこれまで経験したどれよりも充実していた。

もしかしたらハードルが高ければ高いほど感動を生むかもしれない。達成感は感動を生む。訓練が終わった後は、同期みなで涙を流し、この達成感を分かちあった。

防衛大で学んだことだ。それは、「逆境に勝る訓練はなし」ということだ。すんなりとスムーズに進む訓練など何一つなかった。全てが逆境だった。ただ、逆境からの達成感はこれまでの人生で経験したことないものだった。

つらいこと、乗り越えなければならないことが永遠と続くわけではない。力をつけ、多少の忍耐を持ち、臨めばそれらが永遠とは続かない。

逆境と出会った時、「なぜ自分ばかりが……」「このつらいことは、いつまで続くのか……」「もう投げ出したい……」なんて思うことは誰にでもあると思う。

私にもあった。防衛大の1学年の時もそうだったし、先のリーマンショックもそうだ。母が58歳という若さで亡くなった時は絶望感しかなかった。ただ、それらは乗り越えていかなければならない。乗り越える時のポイントはこう思うことだ。

「逆境に勝る訓練はなし」

逆境は必ず自分を成長させてくれる。投げ出した瞬間にその成長は止まる。逆境に正面から向き合うことだ。永遠とこれら逆境が続くことはない。ただ、それを信じて最善を尽くすだけだ。

真摯に向き合う姿に、もしかしたら協力者が現れるかもしれない。人生の理解者を得るかもしれない。防衛大での毎日の生活でそれを感じた。

防衛大では卒業式に「帽子投げ」というものがある。それまで、大切にしてきた正帽を「解散」の声と同時に天井に届くかというくらいまで上に投げるものだ。

海外の士官学校でもよくあるあの光景だ。あの帽子投げをした時、それまでのつらかったことなど忘れてしまった。正確に言うと全てが良い思い出になった。あんなに逃げ出したいと思っていたにも関わらず、涙さえ出てきた。

明けない夜はないなんて言葉があるが、まさにその通りだ。

目の前に逆境が現れた時は感謝をしよう。

それは成長するチャンスだ。

3 誰にでも「折れない心」は存在する

1学年が最初の1カ月間で100名前後が自主退校していくが、その後もぽつぽつと辞めていく。辞めていく学生の多くが部屋の上級生との確執だ。これは一般企業に似ているかもしれない。上司とうまくやれないなら転職してしまえといった具合だ。部屋の外でも指導され、自分の部屋の中でも指導されたらたまったものでもない。安心する居場所をなくした学生はやめていく。

先述したドラゴン部屋長は私に居場所を作ってくれた。自分の部屋は唯一安心できる場所だった。

ドラゴンの部屋っ子になった時の私は、一言で言うと「ヘタレ」だった。日朝点呼では「集合が遅い」「靴が汚れている」などと指導され、毎週行われる「容儀点検」では「アイロンがけが下手だ」と指導される。何をしても指導される。

もともと、それこそ防衛大に入る前から自分に自信を持てない性格で、常に人より劣っているというコンプレックスの塊だった私は、毎日指導され、「ダメっ子」と呼ばれているうちに「俺は何をやってもダメなんだ」と思うようになっていた。完全に心が折れていた。

そんな私の気持ちに気づいたのか、ある時ドラゴン部屋長が話しかけてくれた。

「どうだ？　防衛大の生活にはなれたか」

学校のこと、高校のこと、出身地のことなどざっくばらんに二人で話した。その流れで今の心境を聞かれたので正直に答えた。

「自分はダメっ子で、何をやってもダメなんです」

と答えるとそれまで優しく話を聞いていてくれたドラゴン部屋長の顔が一変した。

「お前はバカなのか。自分を否定する前にやるべきことがたくさんあるだろ」

ドラゴン部屋長の言葉に、私はびっくりした。それもそうだ。常に優しい人が突如怒ることほど怖いことはない。そして、最後にドラゴン部屋長にこう言われた。

「人間だれしも可能性があるんだよ」

子供の頃から「自分はダメな人間だ」と周りにもらす度に「大丈夫だよ」と言ったニュアンスの言葉をかけてもらっていた。今回も優しい言葉をかけてもらえるだろうと無意識に考えていたのだろう。そんな私にドラゴン部屋長は喝を入れてくれた。

否定する前にやるべきことがある
人間だれしもが可能性をもっている

この2つは強烈なインパクトだった。それからというもの、「自分はダメっ子」だという自己否定は全て捨てて、やるべきことのみを考え行動した。全ては自分の可能性を広げるためだ。

ただ、やるべきことを集中してやっても指導されるのが防衛大だ。そういった時はこう思うようにした。

「俺はダメっ子だ。ただし、今のところはね」

ダメっ子であるという事実は変わらない。ただ、明日にはデキっ子に変身しているかもしれない。やるべきことをやって可能性を広げることが現状打破の基本だ。

そう思うようになってから、苦しい時期もあったが、常に可能性を広げるためにはどうしたらよいのかということを考えるようになった。

民間企業でも同じだった。周囲と比べて1年目の営業成績は本当に悪かった。上司からは売上を上げろと言われる。そんなことわかってるよと言いそうになるが、そこは大人の対応でグッと我慢する。常にやるべきことを考え、行動に移してきた。

それでも上がらない時は毎度のフレーズだ。

「俺はダメ営業マンだ。ただし、今だけね」

そう思うと、やるべきことの幅が広がる。俺はダメなんだなんて考えていても何も変わらない。常にネクストアクションの連続だ。

この精神でやっていくうちに営業成績も上がっていった。それはそうだ。売上が上がらない月が多ければ多いほど、何をすべきなのか、どうすれば可能性が広がるのかと考え行動する機会が増えるわけだ。自己否定なんてしている暇はない。

研修などで若手の営業マンなどと話すと、入社1年目の時の私と同じような悩みを抱えている人は意外に多い。

「なかなか売上が上がらない。私はダメなんでしょうか」

答えは「ノー」だ。**ダメかどうかなんてそんなことはわからない。それは死ぬ前にでもわかればいいこと**だ。

そんなことよりも大切なことはやるべきことをやって、可能性を広げる行動だ。その行動を繰り返し繰り返し、続ければ自分のことをダメだなんて思わなくなる。

防衛大時代の私がそうだ。ドラゴン部屋長に出会うまでは自己否定の塊で、ちょっとしたことでもすぐに心が折れていた。ただ、ドラゴン部屋長は可能性の大切さを教えてくれた。誰も心なんて折れない。

折れそうになったらこう言えばいい。

「あー心が折れそう。ただ、今だけね」

あなたを何度でも復活してくれる魔法の言葉だ。

4 逆境の神様に喜ばれろ、そして愛されろ

所属していた短艇委員会の先輩にNさんという人がいた。根はまじめ、ただし底抜けに明るい。

紹介した通り、短艇委員会は海上スポーツだ。当日の潮や波、風の状況でタイムが大きく変わる。漕ぎ手としては、潮がゆるやか、波はなく、そして追い風の中で練習したいもんだ。なんせ、潮が強いと水が一気に重くなる。腕と足の筋肉がパンパンと張れあがる。そして、翌日は鉛のように重い。高波だとカッターが揺れて揺れて思うように漕げない。逆風だとこれまた同様だ。漕いでも漕いでも前に進まない。そんな悪天候の中での練習が私は大っ嫌いだった。

ただ、このNさんはいつもそんな中での練習を楽しむ。悪天候とは要は逆境だ。そ

れも自分ではどうしようもできない逆境だ。
波が高いと、「荒波万歳。モチベーションに火がついたぜ」なんて言う。
風が強いと「今日は追い風だ。漕ぎが楽になるぜ」なんて言う。
追い風になるかどうかなんてその時点ではわからない。にもかかわらずだ。
常に前向きな発言しかしない。

漕ぐ時は艇指揮の掛け声で漕ぐ。「お〜う、お〜う」といった掛け声だ。「う」のタイミングでオールを海面から出す。そして、漕ぎ手は「う」の直後に「しょい」という掛け声をかける。「お〜う、しょい。お〜う、しょい」と言った具合だ。字面を並べると多少なりバカげた感じになるがご容赦いただきたい。

ある日、悪天候の影響で散々なメニューになった。みな顔が暗い。思い通り漕げなかったストレスもある。そもそも全員が口には出さないものの「これは悪天候のせいだ」と思っている。するとNさんが言う。
「暗いよ、暗いよ。もっと明るくいこうぜ。こんな天気だけど声くらい出るだろ。声をありえないくらい出して、次のメニューしようぜ」

周囲も声を出さなくてはいけないことなどわかっているものの、どうも表情が暗くなる。そんな状況で次のメニューが始まる。

「お～う、しょい、お～う、しょい……」

声の大きさはいつもとさほど変わらない。

「お～う、しょい。お～う、しょい……」

今回のメニューも前回同様散々だと思ったその瞬間に、後ろからありえないくらい大きな声が聞こえる。

「お～う、しぃっ！　お～う、しぃっ！」

艇指揮の「お～う」という掛け声に対して「しょい」ではなく大声で「しぃっ！」と言っている漕ぎ手がいる。思わず全員笑った。メニュー中できつかったが全員笑った。声の主はNさんだった。そして、その後は漕ぎ手全員で「しょい」ではなく「しぃっ！」を叫びながら漕いだ。

悪天候はまるで変わらない。ただ、前のメニューに比べてタイムは上がっていた。それも1分近く上がっていた。一本のメニューは短いもので5分、長いもので10分前後だ。5分のメニューで1分もタイムが上がっていた。これには驚いた。

悪天候のように自分ではコントロールできないようなことが目の前に現れた時はそれに対して落胆するのではなく、何でもいい、自分の行動を一つ前向きに変えればいいと心の底から思った。Nさんには本当に感謝だ。

逆境なんて誰にでも来る。

それも避けることができたらいいのだが、不可抗力なものばかりだ。避けられるものは大半がミスなのである程度うまくいくやり方がある。そのやり方を徹底すればいい。

ただ、**どうしても避けられないものがある。そんな時はただ凹《へこ》むのではなく何か前向きに、明るく一つ変えてみるといい。**極端なまで明るくするのもありだ。明るく前向きにいけば何かが変わる。

管理職になって売上が下がってきた時、まずはチーム全体で大きな声で挨拶をすることから始めた。「おはようございます」「お先に失礼します」。

すると、売上は下がっているものの、雰囲気は悪くならない、前向きなコミュニケーションをみなが取り、改善策を出し合っていた。挨拶一つでチームコミュニケーションも活性化するもんだ。当然、雰囲気が良くなるからまた売上が上がる。

自分ではコントロールできない。さらには起きてしまったことはしょうがない。そんな時は、常に明るくだ。

常に明るくなんて、できませんなんて人もいる。私もそうだ。明るい気持ちになれない時だってある。そんな時は、大きな声で挨拶してみる。同僚との会話で無理してでも大きな声で笑う。自分ではどうしても明るくなれないというのならば、明るい人、明るい集団に自分から近づくのもありだ。

ちょっと無理をして、そのおかげで最高級のアウトプットが出ればこれほどうれしいことはない。

先のNさんの話に戻る。

Nさんはその後、引退するまで常に明るかった。どんな時でも明るい。こちらが暗くなる時も明るい。そして、Nさんと一緒に漕いだ全日本では見事日本一に輝いた。

Nさんがいなければもしかしたら日本一になっていなかったかもしれない。感謝してもしきれない。

あとがき

これまで防衛大という過酷な大学から得た、折れない心を作るための様々なテクニックを紹介してきた。

本書を通じて一番伝えたいことは**「メンタルは誰でも強くすることができる」**ということだ。

防衛大では、つい最近まで高校生だった若者が毎年入校してくる。入校前はどこにでもいる普通の高校生がほとんどだ。決して、全員がバリバリのリーダーシップを発揮している者でもなければ、メンタルが異常に強いわけでもない。

ただ、4年がたち、卒業するころには全学生が立派なリーダーになっている。それも多少のことでは決して折れない強い心も持ち合わせている。

なぜそのようになるかというと、それは日々の生活から得る以外にない。**どんなにつらいことがあっても、どんなに過酷な環境であっても「自分はやれる」とまずは思い込むことから始める。**

実際に私自身、防衛大での生活で本当に鍛えられた。一見、理不尽なことでも全てには理由があった。1学年時はとにかくストレス耐性を高める時期だった。ストレスを与えられていると思うと、何度も心が折れそうになるが、これをストレス耐性を究極にまで高めていると思うと乗り越えることができた。何でも解釈一つで変えられる。

そして、2学年、3学年、4学年と学年が上がると、後輩の育成、人間関係と別のことで頭を悩ませる時間も多かった。ただ、いつも周囲には同じような悩みを抱えている学生が多くいたこともよかったかもしれない。

これは、一般企業でも同じことだ。新入社員として入ったころは、とにかく右も左もわからない。わからないからストレスを感じることもある。ただ、それは、今後のキャリアをよりよくするための大切な期間だと思ったら、乗り越えることができるのではないだろうか。キャリアを積むうちに、会社内でのしがらみで頭を悩ませるかもしれないし、人財育成で頭を悩ませるかもしれない。そんな時は深呼吸でもして、周囲を見てみるのも一つの手だ。そして、試されていると思えばいい。

まさに今、目の前の逆境を乗り越えるかどうかを試されている。

そして、考え、行動を繰り返し行うだけだ。悩む時間を全て、思考と行動の時間に変えていくと、見えてくるものも変わってくる。

考え、行動したらまたストレスがたまるのでは？　と思う方もいるかもしれないが、考えて行動すればそれはストレスではなくノウハウがたまる。仮に行動してうまくいかなくても、次からは同じ行動をしなければいい。そう思うと気分も楽になる。

うまくいくかどうかわからないこの世の中だからこそ、まずは考え、行動だ。

この考え、行動をする瞬間にもメンタルは強くなっている。

防衛大時代に何よりも強く指導されるのは何も行動しない1学年だった。

人生なんてトライアンドエラーだ。仮にうまくいかなかったとしても命まで取られることはない。

考え、行動をし続けることによりメンタルは強くなる。そして、その強固なメンタルがあなたのキャリア、人生を変えていく。

本文デザイン　浦郷和美
本文ＤＴＰ　森の印刷屋
企画協力　松尾昭仁
（ネクストサービス株式会社）

著者紹介

濱潟好古

組織マネジメント・人材育成コンサルタント。株式会社ネクストミッション代表取締役。防衛大学校卒業後、海上自衛隊幹部候補生学校を経て、民間IT系ベンチャー企業へ入社。売上No.1営業マンに。独立後は「今いる社員を一流に」をモットーに中小零細企業の社長、大手生命保険会社のリーダー等にマネジメントや研修を行っている。本書では、もともとメンタルが強くなかったという著者が防衛大という過酷な環境を生き抜くことで身に付けた心の鍛え方に迫った。

防衛大式《ぼうえいだいしき》 最強《さいきょう》のメンタル

2018年6月1日　第1刷

著　者　濱《はま》潟《がた》好《よし》古《ふる》
発行者　小澤源太郎

責任編集　株式会社プライム涌光
電話　編集部　03(3203)2850

発行所　株式会社青春出版社
東京都新宿区若松町12番1号 〒162-0056
振替番号　00190-7-98602
電話　営業部　03(3207)1916

印刷　共同印刷　　製本　大口製本

万一、落丁、乱丁がありました節は、お取りかえします。

ISBN978-4-413-23086-5 C0095